JN177489

ロシア革命史入門

広瀬　隆
Hirose Takashi

インターナショナル新書　007

目次

まえがき

なぜ、今、「ロシア革命」について語るのか？

私自身は、共産主義者でも資本主義者でもなく、両者の対立について両者とも批判してきた人間である。ところが偶然にも、〝ちょうど一〇〇年前に起こった〟ロシア革命史を、さまざまな記録と年表にあたってくわしく調べるうち、これまで聞き伝えに知っていたつもりの「左翼的な革命」とはまるで違って、ロシア革命は「戦争反対運動を最大の目標としていた」ことに気づかされたのだ。開けてびっくり玉手箱、なぜ、これほど人類史上の偉大な出来事について深く知らなかったのかと、一生の不覚をとった心境となり、「実に興味深い史実だ。なるほど……なるほど」と膝を叩いて興奮した。

ロシア革命が起こった一九一七年は、「第一次世界大戦」の真っただなかの年であった。この世界大戦は、エーリッヒ・レマルクの世界的小説『西部戦線異状なし』が描写したように、文字通り、血で血を洗う無慈悲、かつ無意味で残忍な戦争という側面からさまざまに語られ、映画化されてきた。一方、共産主義国・ソ連を生み出した「ロシア革命」は、もっぱら左翼運動という側面から語られてきた。つまり、それぞれが別個の出来事として記述されるのが一般的なのである。ところが、そのようにジャンルを分類することが、われわれに歴史をまったく曲解させてきた原因なのだ。

「この無慈悲な戦争を終らせ、貧しい庶民に充分なパンを与えるために起こったのがロシア革命であった」のだ。「戦争」と「革命」という、両者の切り離せない道理を知る時、現代の日本人が直面している、〝日本が戦争できる国になってもいいのか！〟、〝このように貧困が蔓延《まんえん》する社会でいいのか！〟という最大の疑問に応えてくれる「ロシア革命史」は、われわれ現代に生きる人間が、まことに感興をひかれ、新鮮な興奮と驚きを覚える歴史なのである。ロシア革命と同時期の日本人が、日露戦争と第一次世界大戦の勝利に歓喜し、日の丸を打ち振って軍国主義に突進したのに対して、ロシア人が戦争に反対して、その結果、政府を倒して革命を起こしたという史実は、きわめて重要な出来事だと思わないだろうか？

さて、この物語の最初のページを開くにあたって、「しかし、待てよ」、という疑問符がつく。ロシア革命の成功から七二年後の一九八九年に、東西を隔てていた「ベルリンの壁」が崩壊して、アメリカとソ連の東西冷戦が終結した鮮明な記憶が、多くの人びとの脳裏に残っているはずだ。全世界を興奮のルツボに投げこんだその平和到来時代に、ソ連がおこなった暴虐の歴史が次々と明るみに出され、〝革命の父〟レーニンの像が引き倒されたニュース映像が、どっとテレビに映し出されたではないか。あの時、現代人に与えられたのは、ソ連という共産主義国と、革命の主導者レーニンに対する悪い印象だけであった。

ところがそれは、ロシア革命とは、まったく次元の異なる出来事だったのだ。「正しくおこなわれた革命」の成功後に、そこに誕生した共産主義の独裁国家が、完全に道を誤ったことに原因があったのである。その意味で、世界大戦中に全世界を震撼させたソヴィエト・ロシア共和国の建設という史実は、現代人が必ず正しく知っておくべきなのである。

◆本書の日付について――ロシア革命が成功した翌年に第一次世界大戦が終った。当時のロシアでは、その年の一九一八年二月一四日まで、西ヨーロッパで使われていたグレゴリオ暦ではなく、一二〜一三日遅れた古いロシア暦を使っていたので、ロシア革命史の書物はほとんどロシア暦で記述されている。しかし本書では、ほかの国の出来事との順序と関係を正しく知るために、日付はすべて「全世界で現在使われているカレンダー（グレゴリオ暦）」に統一して記述し、重要な箇所には当時のロシア暦を併記する。
◆また、第一次世界大戦中におけるロシアの「ドイツとトルコに対する戦闘」に関しては、本書では大幅に省略して記述し、ロシア革命が起こった国内の動きを中心に述べる。
◆参考資料――以下に述べる「一九一七年に起こったロシア革命までの出来事」の大部分は、怪僧ラスプーチンに関する部分を除いて、資料として『レーニン伝』（フランス人の歴史家ジェラール・ヴァルテル著、橋西路訳、角川文庫）、『ロシア革命』（菊地昌典著、中公新書）、『レーニンの秘密』（ソ連国防省軍事史研究所所長だったドミートリー・ヴォルコゴーノフ著、白須英子訳、NHK出版、一九九五年初版）のほか、『歴史読本ワールド――ロシア革命の謎　第2巻第2号』および『歴史読本ワールド――ロシア帝国の興亡　第2巻第7号』（いずれも一九九一年のソ連激動期に発刊された新人物往来社の別冊特集）を参照して、そのほかの膨大な書物に書かれている出来事を、新資料をもとに、正しい日付順に並べ直して述べることにする。本文中のレーニンや要人の発言は、特に断りを入れた場合以外は、『レーニン伝』から引用し、フランス語の原著を参考に適宜言い換えをおこなってある。『レーニン伝』と『ロシア革命』は、すでに絶版となった書だが、そこに書き残された史実は重要であり、現代でもその価値を失っていないということを特記しておきたい。また『レーニン伝』は、著者ヴァルテルが「レーニンは私利私欲のなかった人物で、ただ革命の成功だけを自分の生涯の仕事だと考えて、そのために独裁的な判断を貫いて生き抜いた」という視点から、かなり好意的に描いているため、革命後の恐怖政治について述べられていないが、「ロシア革命が成功するまで」の事実経過を知るための最良の書として参照した。それに対して、革命後にレーニンが生み出した共産主義の秘密警察による虐殺・テロルなどについては、主に『レーニンの秘密』を参照した。

第一章

〝ロシア革命の父〟レーニンはどこから現われたか

革命思想の誕生

ロシア革命史を読むと、一九一七年に突然〝ロシア革命の父〟レーニンという人物が亡命先の外国から帰国して首都ペトログラード（旧ペテルブルク）に登場するが、一体、彼がどのような社会から出てきたか、そして彼の周囲にどのような人間がいたかを、現代人がより鮮明に理解するために、まずこの第一章では、革命の主導者レーニンの個人的な活動を主体に記述する。

一八八一年に、ミュージカル映画『屋根の上のバイオリン弾き』（一九七一年）に描かれたユダヤ人虐殺〝ポグロム〟の嵐がロシア全土に吹き荒れた。ロシアでおこなわれたユダヤ人虐殺をポグロムと呼ぶのは、〝雷のように〟襲いかかる攻撃という意味が語源である。その引き金となったのは、同年三月一三日（ロシア暦三月一日）にロシア皇帝アレクサンドル二世が首都ペテルブルクで「人民の意志」という革命グループの爆弾で暗殺された事件であった。アレクサンドル二世は、事件の二〇年前の一八六一年にロシアの農奴制を廃止し、それまで姓さえ持てなかった農奴の奴隷身分を解放し、小作人の地位を与えたという意味では進歩的な皇帝だったが、なぜ殺されたのだろうか？

暗殺者は〝ナロードニキ（人民主義者）〟と呼ばれるグループ「人民の意志」のメンバ

ーであった。当時は、農奴制が廃止されたことによって地主から解放されたはずの奴隷農民が、実際には賃金奴隷として売られ、それまでの地主に代って、新たに資産家が貧しい小作人の農民を酷使していたのである。そうした現状に対する怒りから、ロマノフ王朝の帝政を打ち倒さなければならないと考える思想を持った、きわめて純粋な精神の人民第一主義者が、暗殺を実行したのである。

このナロードニキ・グループは、ロシア人で文字を読めない人間が一九世紀末にも七割近くいたことから、小作農自身が革命を起こすことはできないと考え、いわゆる救世主的なヒーローが指導して革命に導かなければならないという思想を抱いていた。彼らの考えは、のちのロシア革命の底辺に流れる革命思想の柱を成していたが、やがてそこから、テロリズムによって帝政の打倒をめざす社会革命党（Partiya Sotsialistov-Revolyutsionerov――SR、通称エスエル）や、人民社会党などの政党を生み出していったのである。しかしこれらのグループは、やがてレーニンと烈《はげ》しく対立して、レーニン暗殺未遂事件を起こす運命にあった。

こうした時代の背景には、底流としてのロシア文学と、華麗な音楽と演劇の世界があった。農奴制に置かれたロシアにおける官僚機構の腐敗を描いた喜劇『検察官』を書いて一八五二年に死んだゴーゴリ……社会主義サークルの一員となったため、官憲に逮捕されて死刑判決を受け、銃殺刑執行直前に皇帝ニコライ一世からの特赦によってシベリア流刑に減刑となり、この時の服役体験に基づいて『死の家の記録』を著し、一八八一年に死んだドストエフスキー……『猟人日記』で貧しい農奴の生活を描いて農奴制を批判し、一八八三年に死んだツルゲーネフ……モスクワ芸術座で演じられた『ワーニャ伯父さん』、『三人姉妹』、『桜の園』の戯曲を書きながら、絶えず役人生活を皮肉って一九〇四年に死んだチェーホフ……自ら農奴を使う貴族地主の家に生まれ、やがて筆をとってナポレオン軍と戦うロシア人を描いた長編小説『戦争と平和』で世界的文豪としての座を確立したトルストイたちが、この時代のロシアにいた。

トルストイは、富裕な地主層の生活を織りこみながら貴族社会を『アンナ・カレーニナ』で描き出し、民衆を圧迫する帝政ロシア政府を論文で非難し、国家による搾取に反対し続けて、無政府主義者として弾圧され、一九一〇年に死んだ。一方で、『白鳥の湖』、『眠れる森の美女』、『くるみ割り人形』のバレエ音楽を作曲して一八九三年に死んだチャイコフスキーたちの芸術も咲き誇った時代であった。

皇帝アレクサンドル二世の暗殺事件が起こる一〇年前の一八七一年には、ドイツ（プロイセン王国）との普仏《ふふつ》戦争に敗北したフランスで、皇帝ナポレオン三世が降伏した混乱期に乗じて、パリ・コミューンが結成されていた。この時、市民が人類史上初めて労働者階級（プロレタリアート）独裁を掲げて決起し、一時的ではあったが政権を握り、フランス全土にコミューンをつくろうとする民衆の共同体意識が生まれていた。この体験も、ロシア人の思想運動に大きな影響を与えていた。

皇帝アレクサンドル二世がナロードニキによって暗殺された事件のあと、父を継いで即位した皇帝アレクサンドル三世が、反政府活動家や、マルクス主義者を生み出したユダヤ人グループに対する強烈な弾圧政策を打ち出して、〝ポグロム〟の嵐が吹き荒れたのである。

さて、以下しばらく、若き日のレーニンの物語を述べるが、これは、一九〇五年に最初のロシア革命として〝血の日曜日事件〟が起こるまでの伏線となる重要な歴史であるので、レーニン個人の周囲に渦巻いていたロシアの世相を知るために必読の内容である。

レーニンはどこから出てきたか

のちに〝ロシア革命の父〟と呼ばれたウラジーミル・レーニンは、一八七〇年四月二二

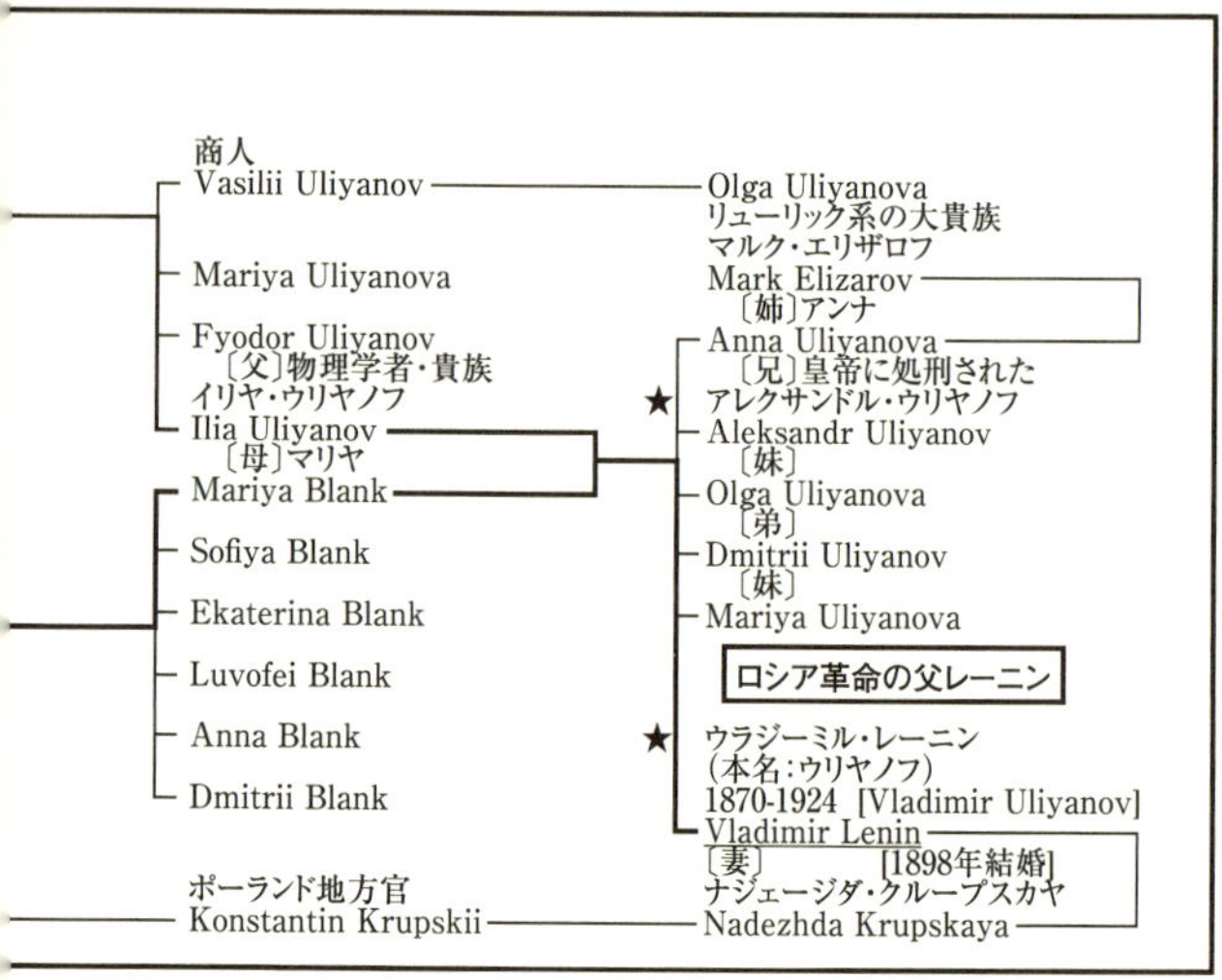

日に本名ウラジーミル・イリイッチ・ウリヤノフとして生まれた。彼の母方の曾祖父イワン・グロスショップは、スウェーデンから来たユダヤ人の宝石商で、ロシア帝国が最大の領土を広げた女帝エカテリーナの時代に、その女帝の相談役となり、ペテルブルク貿易商人協会の会長をつとめたほどの権勢を誇った人物であった。その娘アンナが、貴族の医師アレクサンドル・ブランクと結婚し、その娘マリヤ・ブランクが、レーニンの母であった。父方の祖父は解放された農奴出身の仕立屋だったが、レーニンの父イリヤ・ウリヤノフは物理学者で、皇帝に評価されて一八八二年に貴族に列せられたほどの地元の名士であった。

レーニンがのちに結婚した妻ナジェージ

系図1 ロシア革命の父レーニン

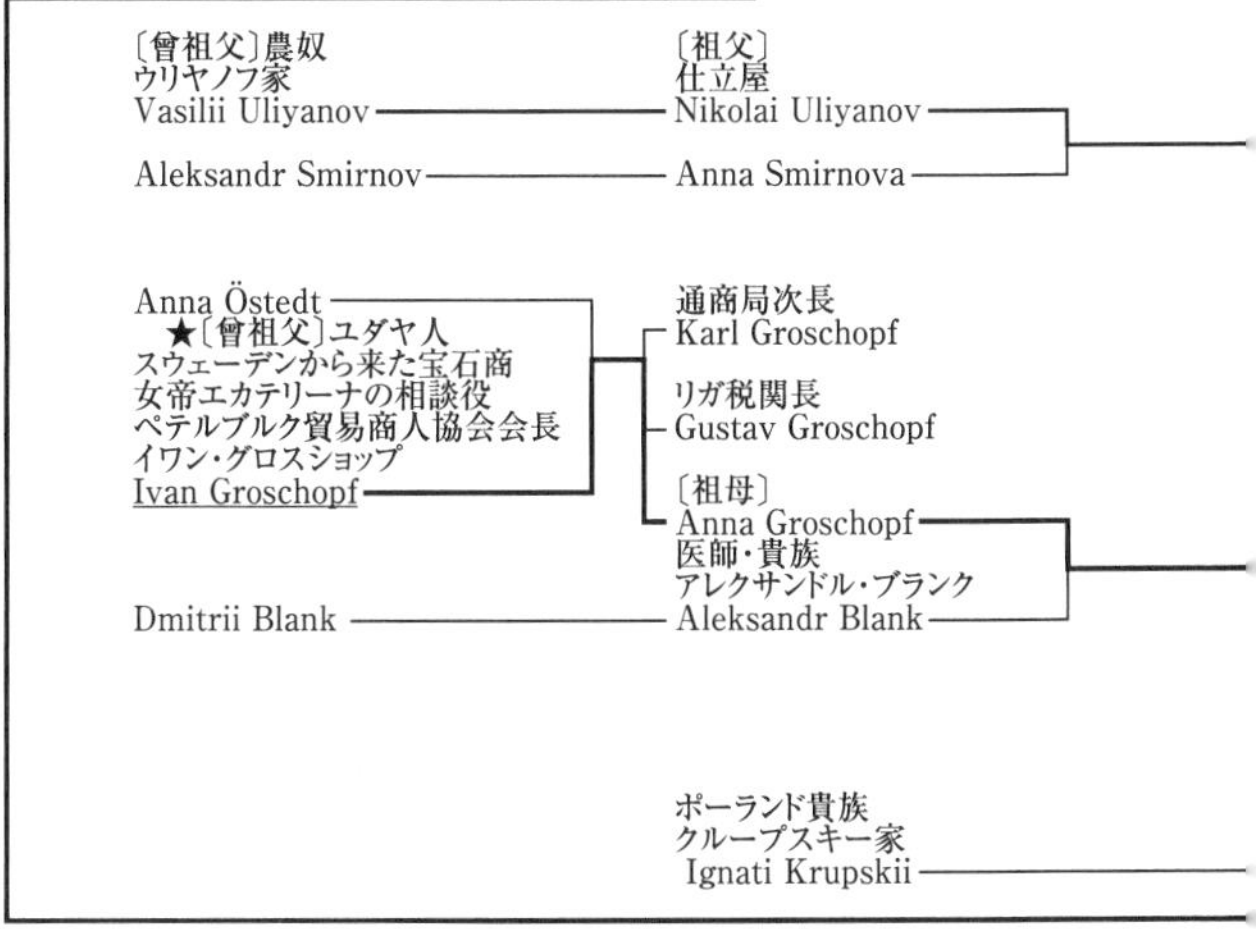

ダ・クループスカヤも、富裕ではないがポーランド貴族の孫娘であり、レーニンの姉アンナの結婚相手もリューリック系の大貴族マルク・エリザロフ（エリサーロフ）であった。したがってウリヤノフ家は、知識階級であり、いわゆる貧しい賃金労働者のプロレタリア階層ではなかった。レーニンには、ほかに兄のアレクサンドルと、弟のドミトリーと、妹のオリガとマリヤがいた。

　弾圧皇帝アレクサンドル三世の時代に、レーニン家では、一八八六年に、貴族ながら階級差別に反対していた物理学者の父イリヤ・ウリヤノフが五四歳で急死し、翌一八八七年三月には、ペテルブルク大学理学部に在籍していた兄のアレクサンドルが、皇帝アレクサンドル三世の暗殺未遂事件に加わった容疑で逮捕された。しかし彼は減刑も求めず、二ヶ月後の五月二〇日に堂々とした態度で絞首刑に処された。同じくその事件に関与した疑いがかけられた姉のアンナも、追放処分を受けるという家族の悲劇が、一七歳の青年ウラジーミル（のちのレーニン）に襲いかかった。

この一八八七年に、ウラジーミルは兄が在学していた首都のペテルブルク大学を避けて、カザン大学に入り、兄の処刑について考えるうち、大学で盛んにおこなわれていた学生運動に参加するようになった。そのため一二月一七日に、彼も学生集会の騒ぎで警察に逮捕され、皇帝暗殺計画に加わったアレクサンドルの弟だということで厳しく警戒され、大学から退学処分を受けてしまった。ウリヤノフ家はロシア政府から〝テロリスト一家〟と見られ、絶えず秘密警察から監視される日々を送るようになったのである。

ウラジーミルはこの頃までナロードニキ派の思想に共鳴して、共産主義にはほとんど興味を持っていなかったが、学生生活から解き放たれた彼は、カール・マルクスの著作『資本論』などに読みふけって、感銘を受け、初めてマルクス主義者への道に入っていった。マルクスとフリードリッヒ・エンゲルスの共著『共産党宣言』が革命運動の実践法を説いていたのに対して、マルクスの『資本論』では、労働者階級のプロレタリアートが資本家によって搾取されている現在の社会構造のため、逆にそのブルジョワ階級の資本家が自らを危機的な断崖に追いこんで、やがて自滅すると予言する理論的な内容が書かれていた。

「では、自分はいかなる社会をめざすべきか？」と問うた彼は、私有財産制度を認めない社会、つまり「労働者のプロレタリア階級が国家の権力を握ってすべてを統制する」共産主義社会を理想として仰ぐようになり、帝政を拒否する反政府思想を身につけていった。

しかし母マリヤは、次男ウラジーミルが長男アレクサンドルのように処刑されてはならないと考えて、田舎に住まわせたりしたので、ウラジーミルは各地を転々とさせられたが、そこで出会った人民主義者（ナロードニキ）の闘士たちにも、同時に共感を覚えていった。

一方で彼は、社会的に認められるためには、どうしても学位をとる必要があると考え、何とかして大学に戻ろうとした。

母の尽力のおかげで、「疑わしい人物と交際はしているが、本人は破壊活動はしていない」との理由で、ようやくウラジーミルはペテルブルク大学の卒業試験を受ける許可を得た。猛勉強の末に、法律学の論文をペテルブルク大学に提出し、一八九一年に大学四年分の学業すべてをテストされる筆記試験と口頭試験にも受かり、一三四名の受験生のうちで第一位の好成績をおさめ、学校に通わずに卒業免状を手にしたのだ。ペテルブルク大学から法学士号を授与され、翌年には弁護士を開業して家族を養えるようになった彼は、しかしマルクス主義の運動家になるために学位をとったにすぎなかった。そうして地下活動のサークルに入った彼は、やがて理論家としてリーダー格にのしあがってゆき、高い評判をとる存在となった。

そうしたある日、ポーランド貴族の孫娘で、マルクス主義の研究会に参加して社会主義の活動をしていた聡明な女性ナジェージダ・クループスカヤと出会い、互いに惹かれ合う関係になった。のちに生涯の伴侶となり、〝革命家レーニン〟の手足となって働く女性がこのクループスカヤであった。ウリヤノフが自身の活動において最優先したのは、労働者でもインテリゲンチャと呼ばれる知識人でも、誰彼となくつかまえて教育することであった。それは、単なる賃上げのような経済闘争を戒め、政治闘争へと仕向けることにあった。ウラジーミル・ウリヤノフにとって、将来の革命の向背を決するのは、ブルジョワ階級と一切妥協しない、完璧な非合法手段でなければならなかった。

一八九四年に人民弾圧者アレクサンドル三世が死去して、息子が皇帝ニコライ二世として即位した。そうした時期に、ウラジーミルはそれまで同志としていたナロードニキがマルクス主義を軽視するので、彼らに対する批判を公然とはじめた。しかし翌一八九五年には、首都ペテルブルクでばらばらの活動をしているさまざまなマルクス主義グループをまとめる必要があると思い直して、「社会民主主義労働党」を結成しようと呼びかけたが、結局うまくゆかなかった。そこでこの年の春に、彼は初めて国外に出てオーストリアからスイスへと向かい、そうした結党に同意している〝ロシア社会民主主義の教祖〟で、マルクスとエンゲルスの共著『共産党宣言』のロシア語翻訳者である亡命者のゲオルギー・プレハーノフに会いに行き、初めて自分の存在を認知してもらった。小地主出身のプレハーノフは、初めはナロードニキ派だったが、一八八〇年代から、筋金入りのマルクス主義者になっていた。レーニンはその足でパリに赴いてカール・マルクスの女婿《むすめむこ》ポール・ラファルグにも会った。

その間にも、すでに彼は反政府主義の大物としてロシアの秘密警察に追跡されていたが、運良くスイスに脱出でき、夏にはドイツのベルリンに行って不得手なドイツ語を聞きかじった。一般にレーニンは語学力に秀でていたとされるが、『レーニン伝』によればまったくそうではなかったようだ。九月にはロシアに帰国し、二重底のカバンに秘密文書を大量に隠して、厳重な検問をかいくぐって国境を越えたが、彼自身は、秘密警察から注意深く監視を受けていることに気づかなかった。

レーニンの流刑

帰国したウリヤノフは、ただちに同志をつのって、労働者階級の解放闘争を実施するペテルブルク同盟を結成し、そこに恋人クループスカヤも加わったが、警察に察知され、同志と共に、一八九五年一二月二一日に逮捕され、政治犯として投獄されたのであった。この時期に、ロシアでは地下活動のリーダー格にのしあがったウリヤノフだけでなく、すでに大量の、そしてさまざまな種類の反政府主義者が活動して、広く宣伝活動を展開していたのである。

ところが面白いことに、拘留された政治犯ウリヤノフには、かなり高い自由度が与えられ、書物を取り寄せて執筆することが許されたので、彼は日々を理論の構築に費やした。一八九六年には、ニコライ二世の戴冠式がモスクワでおこなわれることになり、活動家に対する警戒が厳重となって、恋人のクループスカヤも煽動罪に問われて逮捕された。そして翌一八九七年にはウリヤノフ一派に対する司法大臣の判決が下され、シベリアに三年間の流刑を申し渡され、追放されてしまったのである。

それまで投獄されていたウラジーミル・ウリヤノフは、一八九七年二月に一時釈放されて家族に会うことも許され、なんと、普通の旅客なみの待遇で旅をして、三月にロシアのちょうど真ん中にあたるクラスノヤルスクに到着し、五月には指定された居留地の村に住みついた。モスクワの東にそびえるウラル山脈を越えると、オビ川が流れている。シベリアとは、その沿岸の都市「シビル」より東の地帯を語源とする地名なので、ロシアの大部分がシベリアであった。

このシベリア流刑が、われわれの想像するものとまったく異なり、ただ「住民の少ない辺境の村に住まわせる」というだけなので、彼はまことにのどかな生活を送ったのであった。それからの日々は、ただ地元警察がウリヤノフが逃げないことを見守るだけなので、ペテルブルクとモスクワから書物を取り寄せて、村人と交流して自由に振る舞い、実にのんびりしたものだった。さらに、秋にはクループスカヤも南ウラルに三年の流刑に処せられたので、彼女が〝フィアンセ〟のウリヤノフと同じ流刑地を請願すると、これも認められ、翌一八九八年春に彼女の母と共にやってきて、再会を果たした。

同居した二人に対して、当局が「婚約者とすぐに結婚しなければ別の流刑地に彼女を送る」という命令を伝えたので、七月二二日には結婚式を挙げ、幸せそのものの生活を送ったのである。スケートに熱中し、庭に野菜を栽培し、鳥の群れが飛びかうなかで妻と散歩し、クリスマスを楽しみながら、一方で読書を欠かさず、着々と執筆活動に打ちこんだ。

しかしクループスカヤと再会したころ、「ロシア社会民主党（のちのロシア社会民主労働党）」が結成されたことを、辺地のウリヤノフは知らなかった。もうすでにロシア国内では、工業地帯で失業の危機に瀕した労働者が決起して、「打倒帝政！」を叫びはじめていたのである。数々の学生や自由主義者もそこに合流して、マルクス主義がそれを一本に束ねる動きが大きなうねりとなって奔流していたのだ。ところがこの一団は種々雑多な人間の集まりだったので、ウリヤノフが流刑地にいた当時は、ロシアの社会主義者が、「経済至上主義」を提唱し、ツァーリズム（帝政）を打倒する革命を目的とした政治闘争より、労働時間の短縮や賃上げなどで労働者の経済的な地位を高めることを重視する傾向が強く、その思想に洗脳される者が多かった。

それはウリヤノフにとって、ブルジョワ社会主義であり、そうした方法では、狡猾な資本家にいつでも労働者が牛耳られてしまうので、彼が最も嫌う思想であった。一八九九年に流刑地でウリヤノフが書いた『ロシアにおける資本主義の発展』は、経済至上主義に強く反対する内容であった。

解放されたウリヤノフが活動を再開し、レーニンと名乗る

ついに一九〇〇年二月に刑期が終って、モスクワに向かったウリヤノフは、まだ保護観察を受ける身なので大都会には入れなかったが、ロシアの名だたる貴族オボレンスキー公爵がウリヤノフの面倒をみてくれ、活動資金を与えてくれたり、社会民主主義を支援する金持階級の人材にも引き合わせてくれるという幸運に恵まれた。これが、〝血の日曜日事件〟が起こる五年前であった。ウリヤノフは政治的な新聞を発刊して知識を広く普及する計画を立て、合法的に動ける許可を警察から取りつけて、首都ペテルブルクに入ったが、いきなり理由もなく警視庁に連行されたのである。

しかしウリヤノフはペテルブルク大学を卒業し、弁護士の資格を持っていたのである。言いがかりのような逮捕に反論して釈放されると、モスクワに近い町で母と姉妹夫婦に再会し、夏には社会民主主義の教祖であるプレハーノフに再会するため、スイスに向かい、チューリッヒに到着した。つまりロシアの社会主義者が合法的に活動できるのは、国外しかなかったのが、この時代であった。

ウリヤノフは、尊敬していたプレハーノフにやや独裁的な性格があるのを知って、その影響を避けるため、今度はドイツのミュンヘンに赴き、ドイツの社会主義者と交流を深め、ついに一九〇〇年一二月に、同じく経済主義に反対する活動家と共に政治新聞〝イスクラ

（火花）〟を創刊したのである。以後、このグループはイスクラ派と呼ばれたが、東ドイツのライプツィッヒで印刷されたこの新聞はたちまちロシアに流れこんで、革命陣営に大きな影響を与えた。そしてこの新聞を読んだモスクワ警察の報告書に、「ウラジーミル・ウリヤノフを逮捕するべし」と書かれた。

それまで、さまざまな偽名を用いていた彼が、「極東のバイカル湖近くの山脈から流れるレナ川の人」を意味する〝レーニン〟というペンネームを初めて名乗ったのは、この頃のことであった。ここに、革命家レーニンが誕生したのである。レーニンがドイツのミュンヘンにいたので、姉のアンナもベルリンに移り住んで、弟の指示通り〝イスクラ〟の配布に全力をあげ、一九〇一年春には、釈放された妻クループスカヤもミュンヘンに到着し、レーニンの編集秘書となった（すでにレーニン夫人だが、以下もクループスカヤとして記述する）。やがて彼女の母もやってきた。プレハーノフもやってきた。

ところが当時の社会主義者は、互いに罵倒し合うほど分裂し、スパイとして潜入したロシアの警察が彼らを見て「どなりあう狂犬の集まりだ」と評し、弾圧者側をいたく喜ばせたほど、統一性がなかった。そこでレーニンは、ロシア国内にもっと多くの部数の新聞を普及させるため、各地に運動員を配置していったが、グルジア（現ジョージア）のチフリス（現在の首都トビリシ）にいた熱烈な同志のグルジア人ヨシフ・ジュガシュヴィリなる男が、大油田のあるバクー（現アゼルバイジャン）に印刷所を設けて、レーニンのために大活躍しはじめた。この男ジュガシュヴィリこそ、革命運動のなかで用いた〝鋼鉄の人〟を意味するスターリンを、実名として使うようになり、レーニンの死後にソ連の指導者の地位を継ぐ独裁者スターリンであった。

翌一九〇二年に、レーニンは経済主義を批判するために『何をなすべきか？』という大著を出版し、社会主義国家を目指すには「経済闘争ではなく、政治闘争が必要である」ことを主張したため、社会民主主義者のあいだに大反響を呼び起こし、ロシアの警察も注目した。その頃、ドイツの官憲の圧力で、ライプツィッヒの印刷所では〝イスクラ〟の印刷ができなくなった。そこで、イギリス政府が亡命者に寛容だという理由からイギリスに引っ越すことにし、一九〇二年三月に〝イスクラ〟編集部をそっくりロンドンに移し、レーニン一家も引っ越し、レーニンは英語を熱心に学びはじめた。

資本主義者の牙城ロンドンだったが、レーニンは大英博物館の図書館に通いながら、ユダヤ人財閥ロスチャイルド家が支配する金融街シティーと、貧民街の両者を探訪《たんぼう》して、「二つの国家がある」とつぶやきながら、宗教団体の集まりや、労働組合の会合に足しげく通って観察を続けた。六月には一時ヨーロッパ大陸に渡ってパリに立ち寄り、ロンドンに戻ると、八月にはペテルブルクの社会民主主義者の代表がロンドンにやってきてイスクラ派と共鳴し、やがてモスクワもイスクラ派が大部分を占めたので、レーニンは国外にいながらロシアの活動家のうち多くの幹部を手の中に握ったのである。

前年にロシア領ウクライナのキエフの監獄から脱走した革命主義者のユダヤ人マクシム・リトヴィノフも、この時ロンドンに渡ってきたので、レーニンと付き合うようになった。この男がのちにスターリン時代にソ連の外務大臣となる男であった。

一九〇二年のある日の朝、大きな男がレーニンのアパートを訪れてきた。この男は、国家転覆の陰謀に加担した廉《かど》でシベリア東端に流刑となり、そこから逃げ出してきたユダヤ人レイブ・ブロンシュテインであり、革命家仲間では、レフ・トロツキーと呼ばれていた。レフとはライオンのことなので、彼はレオン・トロツキーとも呼ばれた。チューリッヒで社会主義の教祖プレハーノフと共に活動するユダヤ人仲間のパヴェル・アクセリロードから、レーニンのもとに派遣されたのであった。

レーニンがトロツキーに新聞の原稿を書かせてみたところ、使えそうであった。赤軍の創設者で、ロシア革命後に軍事大臣となるトロツキーは、実はブルジョワ地主の息子であり、母方の従兄弟モイセイ・スペンゼルは、南ロシア最大の出版社の社主であった。そのようなブルジョワ階級出身の彼が、立場の反する共産主義革命に参加した目的は、ミュージカル映画『屋根の上のバイオリン弾き』に描かれた主人公一家と同じ、世界中で虐待されているユダヤ人の解放にあった。

以後ユダヤ人が次々に登場するが、それは〝共産主義の父〟カール・マルクスがユダヤ人で、左翼的なロシアの知識階級の多くがユダヤ人のブント（同盟）という大きな組織を形成していたためであり、トロツキーもその一人であった。そのため世界的革命を求める彼は、ロシア国内にとどまる革命には関心がなかったので、このあとレーニンはたびたび意見が衝突し、ソ連誕生後に独裁者スターリンによって粛清される運命にあった。しかしロンドンを訪れた当時は、レーニンと共にロンドンの社会主義的なブラザーフッド・チャーチ（兄弟教会）というキリスト教会を訪れることもあり、そこではなんと「全能の神よ、国王と金持を地上から消したまえ！」と、クリスチャンたちが歌う愉快な光景を見たものであった。

一九〇二年の秋には、レーニンはさらに活動範囲を広めようと、ヨーロッパ大陸に渡って、ベルギーのリエージュ、スイスのローザンヌ、ジュネーヴ、ベルン、チューリッヒで講演会を開いた。しかし、レーニンらの社会民主労働党が工場労働者のプロレタリアートにターゲットをしぼって活動するのに対して、農民主体の社会革命党がそれを痛烈に攻撃して壁のように立ちはだかっていた。レーニンの社会民主労働党と、人民主義者（ナロードニキ）の社会革命党の名称がまぎらわしいので、本書では以下、社会革命党は通称の「エスエル」と記述する。

テロリズムを前面に打ち出すエスエル党が、人民主義者のナロードニキ思想によって「農民層を完全に支配している」現状を打破しなければならないと考えたレーニンは、演説のうまいトロツキーをヨーロッパ大陸に派遣して、労働者と農民の連帯を訴えさせた。ところが親分格のプレハーノフが、ロンドンを中心にしたレーニンの活動が気に入らず、「イスクラをスイスに移せ」と命ずるので、レーニン一家はまたしてもロンドンから引っ越し、スイスのジュネーヴに移った。

イスクラ派の分裂

こうしてイスクラ派が主導して社会主義運動を昂揚させ、一九〇三年夏にはロシア社会民主労働党の大会をベルギーのブリュッセルで開催し、この大会で党を再建した。実質的な結党となったこの大会では、ユダヤ人のブント（同盟）の加盟問題が議論された。というのは、ユダヤ人のブント・グループは、すでに二万人に達し、ロシア社会民主労働党の党員総数と同じ規模になっていたからだ。しかしユダヤ人労働者は、「ロシア人労働者と利益が異なるし、ユダヤ人としての民族自決の原則を守るべきだ」と主張していたので、レーニンは社会民主労働党が、そのように勝手な民族主義の分派を寄せ集めた集合体になることに猛烈に反対した。そして党は中央集権体制でなければならないとし、大会もレーニンの意見に賛成すると決議した。大会の途中で、ベルギーの官憲が集会の中止を求めてきたので、会場をロンドンに移し、党の綱領づくりを議論した。

レーニンは「日和見主義者や煮え切らない者すべてに党員資格を与えることには反対する。常に厳格な内部統制に従う人間だけが党員でなければならない」としたが、彼の意見は葬られ、「協力者は、すべて党員とみなす」として、党の門戸を広く開放する意見が勝った。ユダヤ人トロツキーもこの大会に参加していたが、以後、トロツキーを日和見主義者とみなすレーニンとは、ことごとく対立するようになった。

こうしてイスクラ派は一枚岩ではなく、組織のあり方をめぐって分裂し、再建されたばかりの同党がボリシェヴィキ（多数派）とメンシェヴィキ（少数派）の二つに完全に分裂したのである。これから語るロシア革命時代には、「ボリシェヴィキ」という呼び名が頻繁に登場するが、レーニンが率いたボリシェヴィキは、「党大会幹部の中で多数派だった」というだけで、実際には、「厳格な独裁的思想だけが革命を成功させる」と信じるレーニンの味方は少数でしかなかった。むしろ、ブルジョワ階層も党内に取りこみ、民主主義を基盤として自由な社会を求めようとする柔軟なメンシェヴィキのほうが、党員数では圧倒的に多数であった。この事実は、ボリシェヴィキという呼び名を用いる時に、充分に注意するべき点である。

この二分派が、のちに二月革命後のソヴィエト主導権をめぐって烈しく争う運命にあった。つまりメンシェヴィキは、自由主義ブルジョワジーによるブルジョワ革命をめざし、貧困労働者階層のプロレタリアートはそれを側面から支援するべきだとしたのに対し、レーニンは労働者プロレタリアートと農民が「ブルジョワジーを完全に排除する」革命をめざしていたのである。しかし〝イスクラ〟編集局の六人のうち、五人がメンシェヴィキへ移ったため、プレハーノフやアクセリロード、トロツキーらの有力者がみな敵陣営を構成することになった。つまり、レーニンただ一人がボリシェヴィキの代表者となって、以後は彼がボリシェヴィキの指導者となったのである。こうして一九〇三年に誕生したボリシエヴィキが、実質的に、後年の「ソ連共産党」の母体となるのである。

日露戦争開戦

やむなくイスクラ編集部を辞任したレーニンだったが、党大会が定めていた最高評議会の開催を執拗に求めた結果、一九〇四年初めに評議会が招集された。多勢に無勢を知っていたレーニンは、自分の演説を党員に広める目的のためだけに最高評議会に臨んだのである。ちょうどそれは、二月八日に長崎の佐世保を出港した日本の連合艦隊が旅順《りよじゆん》のロシア艦隊を夜襲して攻撃を開始し、二月一〇日に日本がロシアに対して宣戦布告して日露戦争がはじまったその時期であった。これによって帝政ロシアは、莫大な戦費のために、国内の経済が崩壊しはじめたのである。

レーニンはまだ戦争に無頓着で、スイスで亡命生活を送っていたが、そこにはるばるやって来たのが、マクシム・ゴーリキーの友人、医師アレクサンドル・ボグダノフであった。二年前にロシア社会の貧困層を描いた戯曲『どん底』を発表して、一躍チェーホフと肩を並べる有名作家となっていたゴーリキーは、出版社から受け取る印税の七〇％を社会主義政党に寄付していたので、ボグダノフを味方につければ、レーニンの財政も楽になるはずであった。しかしボグダノフがやってきた目的は、レーニンを従えて、社会民主労働党の党首になろうという下心だったのである。それとも知らずレーニンは、ゴーリキーから多額の寄付を得て、一九〇五年一月四日に新しい自分の新聞〝フペリョード（前進）〟の創刊号を発行することができた。今度はメンシェヴィキに対する戦いの火蓋《ひぶた》を切ったのである。

プティロフ工場の巨大ストライキと〝血の日曜日事件〟

まさにその時、一九〇五年一月一六日（ロシア暦一月三日）に、ロシアの首都ペテルブルクにあるロシア最大の工場であるプティロフ造船・重機製造工場で労働者のストライキがはじまり、ペテルブルクの全労働者一八万人中、参加者が一一万人に及ぶ巨大なストライキに発展した。これが最初のロシア革命の勃発となった。さらにそれから六日後の一九〇五年一月二二日（ロシア暦一月九日）、ペテルブルクで〝血の日曜日事件〟が起こったのである。

ペテルブルクで聖職者ゲオルギー・ガポンが十数万の民衆を率いて、労働者の法的保護、日露戦争の中止、憲法の制定、基本的人権の確立などを皇帝ニコライ二世に対して平和的に請願するデモ行進をしているところへ、近衛兵が発砲して鎮圧したのだ。これが、死者一〇〇〇人、負傷者四〇〇〇人とされる多数の死傷者を出し、ロシア革命の予兆となる重大な〝血の日曜日事件〟となった。アメリカ出身で、二〇世紀を代表するダンサー、イサドラ・ダンカンは、皇帝ニコライ二世からロシアに招かれていたので、この事件の二日後にペテルブルクを訪れ、街路に延々と続く葬列を見たことを自伝『わが生涯』に記述している。そのあと彼女が、貴族の前で踊ると大喝采を浴びたのだ。そしてニコライは、自らデモ鎮圧を命じた流血事件を、まるで自分に責任のない他人事のように「悲劇が起こった」と回顧していた。民衆一〇〇〇人の死者さえも意に介さないのが、ロシアの貴族社会であった。

ところが一方、このデモを率いた事件の英雄ガポンは、不可思議な経歴を持っており、次のようにしてこの事件に登場した人物であった。彼は司祭となって工場街で接する貧しい教区の人びとを見るうち、世の金満家や土地の勢力家が不正を働いていることに我慢ならなくなり、雄弁を用いてブルジョワ階級を批判したため、人びとが彼の言葉に聞き入り、惹きつけられるようになった。こうしたガポンの動きを警視庁がすぐに察知して、摘発担当の「特別課」が動きだした。

その警察長官のセルゲイ・ズバートフは、革命家の陣営にスパイを潜入させて組織の行動を内部から切り崩すという方法を編み出した男であった。そのスパイが資本家と労働者の仲介役を演じて立ち回り、運動が「革命を起こさないように仕向ける」という巧妙な作戦を展開して、成功をおさめていたのである。ズバートフがそうしたスパイ組織をモスクワにつくりあげたあと、続いてペテルブルクにもこしらえようと、ガポンに目を付けた時期に、司祭ガポンが労働者のグループ化をはかったのである。そのためガポンのグループ内に、ズバートフの送りこんだ秘密警察のスパイの工作員も相当な数が入りこんできた。

一九〇三年にズバートフが失脚後に、そうした活動の指導者となったガポンが生みだしたのが、一九〇四年一一月までに九〇〇〇人を擁する「ペテルブルク工場労働者組合」であり、警察当局は当然このガポン組合を支持して、その活動資金が警視庁から出るようになったのである。いつしかガポンは、秘密警察の手先になって、労働条件の改善は求めるが、「帝政を倒す革命」に反対する立場に置かれていたのだ。

ところがやがて、日露戦争における戦線での日本に対する敗報が次々に伝えられると、国民のあいだに不満がふくらみ、同時に戦争のために労働者階級は生活が追いつめられていった。一九〇四年一二月にプティロフ工場で四人の組合員が解雇される事件が起こると、労働組合の怒りが暴発しかかるところまで不穏な情勢になってきた。そこで、そのガポン陣営には、社会主義の運動家や、ナロードニキのエスエル党の工作分子が入りこんで、労働組合の要求に「政治的な項目」を盛りこませようと画策し、ナロードニキがガポンを説得することに成功した。

かくして一九〇五年一月一六日（ロシア暦一月三日）に、「一日八時間労働」などガポンが定めた基本的な要求をもとに、ロシア最大のプティロフ工場で、労働者のストライキがはじまり、ペテルブルクの労働者の半分以上が決起する巨大ストライキに発展し、連日、朝から晩まで通りを人びとが埋めつくしたのである。そして、「日曜日に皇帝への直訴状をガポンに出してもらう」という要求が集会で決められ、その決定が熱狂的に受け入れられて、労働者たちが妻子を連れて参加すると誓い合った。

しかし、皇帝が冬を過ごす冬宮《とうきゅう》にあるロシア政府は、警察当局の指示通りの行動範囲をガポンが超えたものと判断し、「労働者が予定しているデモ行進は許さない」と決定した。そして皇帝の叔父であるウラジーミル大公が弾圧作戦の指揮をとることにして、冬宮に至るすべての大通りを軍隊で固め、戒厳令を敷いた。そして運命の一月二二日（ロシア暦一月九日）の日曜日に、何も知らない大群衆は、黙々と雪を踏みしめながら抗議の請願大行進をはじめたのである。しかし午前中に六ヶ所からはじまった労働者十数万人の大行列は、どれも軍隊に止められ、いきなり数十騎のコサック騎兵がサーベルを抜いて駆けこんできて群衆を斬り殺しはじめたのだ。

プティロフ工場の労働者の行列の先頭に立って、大きな十字架を握って歩く司祭ガポンは、聖像（イコン）とニコライ二世の肖像を掲げて、皇帝への請願書を持って進んでいったが、ナポレオンに対するロシアの勝利を記念して建設された緑色の凱旋門（ナルヴァ門）にさしかかると、軍隊が無抵抗の民衆に対して一斉射撃をはじめたため、母親や幼い子供、老人を大勢含むデモ参加者は悲鳴をあげながらバタバタと倒れ、ガポンは逃げまどう群衆に押し倒されて踏みつぶされそうになった。ガポンは意識を取り戻してから、数千の血まみれの民衆が雪の上に転がっている凄絶な惨劇の現場を見た。

「ロシアの労働者よ。われわれは皇帝を失った。血の川がロシアの民衆と彼のあいだを遠ざけた。彼なしで、民衆の自由のために戦う時がきた」こう言って、ガポンは初めて、自分が救世主とみなし、民衆にもそう説いてきた皇帝と対決する決意を表明したのである。それが〝最初のロシア革命〟――民衆が敗北したペテルブルク〝血の日曜日事件〟だったのである。

事件後、渦中でガポンを助け出したエスエル党員が手引きして、彼をスイスのジュネーヴに送りこんだが、ガポンはエスエル党に従うつもりはなく、レーニン率いる社会民主労働党の幹部に会いたがったので、レーニンが彼を迎えた。社会民主労働党は、ガポンという男が、これほど民衆を煽動しながら、逮捕も追放もされないので、警視庁のスパイだと見抜いていた。そのためプレハーノフは冷やかにあしらったが、代ってレーニンが直接会って話をしてみたところ、ガポンはすぐれた煽動者だが、革命のイデオロギーを持たない人間であると判断し、マルクス主義の書物を貸し与えた。ところが、ガポンは国外の組織と組んで、ロシア国内の武装蜂起を準備するためにジュネーヴに来たので、書物にまったく興味を示さず、革命共同戦線の構築に突っ走った。そしてツァーリズムに対する武装闘争を呼びかけ、「爆弾、ダイナマイト、テロリズムなどすべてを活用せよ。君主制の廃止が急務である。直接選挙による憲法制定議会を招集する」との公開状を出した。

レーニンはそれを読んで同意し、その公開状を自分の新聞に掲載した。この時期までのガポンは、組織運動家として功績が評価されていた。ところがその後、ロシアに帰国したガポンは、またしても政府から金をもらい、警視庁と腐れ縁を結んで、警察に飼われた煽動家におちぶれ、一年後に、〝血の日曜日事件〟の時にガポンを助け出したエスエル党員を転向させようとして、その男によって殺害されてしまったのである。

果たして、〝血の日曜日〟に流された膨大な数の労働者の血は何であったのか？　この日に大行進に参加した民衆は、ツァーリを崇め、皇帝ニコライ二世を救世主として見たからこそ嘆願書を掲げたのだが、この事件によって、民衆がニコライ二世に対して烈しい憎悪を抱いたことは間違いなかった。だが、あくまで仕組まれた官製デモと虐殺であったという点で、民衆側の動機は、真の革命蜂起ではなかった。それを起こすのは、やはりレーニンであった。

ロシア革命に至るまでの一二年間

それから、実際のロシア革命が成功するまでに、さらに一二年という長い歳月を要したのである。その間に、何があったのだろうか？

この一九〇五年の四月に、ボリシェヴィキがロンドンで第三回党大会を開催し、議長にレーニンが選ばれ、党の機関紙〝フペリョード〟は〝プロレタリー〟と改名され、各地に革命運動の展開を呼びかけた。

一方、ロシアの労働者の多くは、一月のペテルブルクでのストライキとデモ行進が敗北したとはいえ、民衆の行動を高く評価していた。労働者たちは、モスクワに近い工業都市イヴァノヴォでは五月から七七日間という長期のストライキをおこない、その間に、ロシアで最初の全権代表者会議〝ソヴィエト〟を創設したのだ。これが、のちのソヴィエト連邦（ソ連）の国名を生み出す「労働者会議」の濫觴《らんしょう》であった。この時代のロシアには、議会制民主主義が存在しなかったので、以後、ソヴィエトという名称は、従来のように「ロマノフ王朝とブルジョワが完全支配する議会」に代って、労働者の一大権力組織の代名詞として使われることになり、各地にソヴィエトという組織が誕生していった。

そしてこの年の二月にロシアに帰国していたユダヤ人ブントのトロツキーは、ボリシェヴィキとメンシェヴィキの仲介者として台頭してゆき、やがてペテルブルク・ソヴィエトの議長にまでのしあがって、最後の革命で主役を演じる運命にあった。

戦艦ポチョムキン号の反乱

この新組織ソヴィエトの誕生は、まさに日露戦争でロシア最強のバルチック艦隊が対馬沖海戦で日本軍に壊滅させられた時期であった。こうなると、小国・日本に敗退を続けるロシア人が屈辱を覚え、兵士たちの不満が爆発して、一九〇五年六月二七日（ロシア暦一四日）に黒海艦隊の戦艦ポチョムキン号で水兵の反乱に至ったのだ。エイゼンシュテイン監督の無声映画『戦艦ポチョムキン』は、ロシア革命後の一九二五年に、革命の成功を讃えるために製作されたドラマなので、史実通りには事件を描いていなかったが、この水兵の反乱事件を題材にとった映画史上の傑作とされている。

当時のロシア海軍の艦隊は、バルト海を本拠としたバルチック艦隊と、旅順の極東艦隊と、このポチョムキン号を擁する黒海艦隊だったが、バルチック艦隊と極東艦隊はすでに日本海軍に敗れて壊滅していたので、唯一残っていたのが黒海艦隊であった。この艦隊の中でも最も強力な重装艦が、水兵に乗っ取られ、艦長たち士官が殺害され、左翼主義の人民委員会の管理下に置かれたこの事件は、ロシア帝国にとって深刻きわまりない出来事であった。それ以上に、この反乱が、〝ペテルブルク血の日曜日〟に皇帝軍が示した残虐さと、無意味な日露戦争での敗北など、ツァーリ（皇帝）専制政治に対する不満を訴える「社会主義者の水兵」が指導して起こされたという意味で、二重の深刻さを秘めていた。

つまり武器を持たない労働者ではなく、「武器弾薬を持つ軍人が帝政に刃向かって、革命に決起した」というロシアの転換点を示していた。のちに一九一七年のロシア革命が達成されるのは、このように武装した兵士が将校に銃を向けて初めて成功するからである。

反乱兵が乗っ取ったポチョムキン号は、黒海最大の要港オデッサに入港すると、ツァーリに宣戦したため、ことはますます大きくなった。黒海にいたほかの艦船が反乱の鎮圧に向かったが、そのうち別の一隻でも、ポチョムキン号の水兵に共鳴して反乱が起こったのだ。加えて、ポチョムキン号の兵士が、艦上で殺された同志の棺《ひつぎ》を港に安置すると、それを聞いたオデッサ市民が続々集まってきて、反乱水兵を支持する集会を開いた。

港湾ストライキを起こしてゼネスト中だったオデッサ市民がこうして反乱軍を大歓迎したため、現地の司令官がコサック兵を派遣して市民に無差別に発砲して多数の死傷者を出し、〝血の日曜日〟を再現する結果となった。レーニンが反乱水兵に「オデッサの街を占領して、労働者に武器を持たせるよう」呼びかけるため、闘士をオデッサに派遣した時には、戦艦ポチョムキンの姿は港にすでになかった。

上陸できずに黒海をさまよったポチョムキン号の反乱水兵は、ルーマニアのコンスタンツェ港に入って武装解除され、七月八日に反乱が鎮圧され、オデッサの革命運動も鎮圧されてしまった。

反政府活動の拡大

ところが、この兵士の反乱によって、日露戦争を続けることは不可能になり、ロシア政府は、国民に譲歩しなければならないことを悟った。そして〝血の日曜日事件〟から八ヶ月後の九月五日に、ポーツマス条約に調印して、ロシアが日露戦争に敗北した。日本が勝利したというより、ロシア国内の騒擾《そうじょう》によって、ロシアが戦争から撤退したと言ってよかった。反政府の動きは、ますます広がる一方で、当時のロシア領ポーランドのワルシャワでは労働者がストライキをはじめてバリケードを築き、ロシア領ウクライナのハリコフでは農民が貴族の所領を荒らし回った。

一〇月には、ストライキが各地に広がり、モスクワでは鉄道ストライキが全線におよび、ペテルブルクでは社会民主主義者が労働委員会をつくらせて、ストの音頭をとらせた。その結果、この労働委員会が「労働者代表評議会」になって、ついに首都にも「ペテルブルク・ソヴィエト」が誕生したのである。これが一二年後の〝二月革命〟の母体となる組織であった。こうして手の付けられない情勢になると、皇帝が「立法議会の召集と、言論の自由と結社の自由を保証する十月宣言」を出さなければならない羽目に陥り、革命家たちが新聞紙上で自由に筆をとれるようになった。

ゴーリキーの親友だったサッヴァ・モロゾフは織物工場の経営者で、「ロシア最大の富豪」だったが、〝血の日曜日事件〟の直後、軍隊による民衆の弾圧に反対し、労働者のストライキ権を認めて平和的に問題を解決するよう訴えた。ところが同じサッヴァが、三月にはモスクワ工業界のボスたちを集めて、労働者のストライキ対策を考えるための会議を開いていたのだ。この矛盾した態度が大きな問題となり、この年にサッヴァは自殺に追いこまれた。しかしモロゾフ家はもともと農奴出身だったので、社会主義陣営の新聞の発行資金を出してくれることになり、そうした新聞が合法的に創刊されたのである。

さらに一一月には、バルチック艦隊の軍港があるクロンシュタットで海兵が武装蜂起したため、レーニンは「ペテルブルク・ソヴィエト」を自分の意志に従わせなければ、こうした一連の革命運動が、ブルジョワジーに妥協的なメンシェヴィキに支配されると考えて、急いでジュネーヴからペテルブルクに戻った。今度はツァーリの警察に気取《けど》られぬよう変装して、ヒゲを剃り落とし、色メガネをかけ、住所を転々と変えながらロシア国内での活動を開始した。

その直後に、黒海に面したクリミア半島の都市セヴァストポリで軍人の反乱が起こり、一二月には大都市モスクワにボリシェヴィキ指導のもとに労働者ソヴィエトが成立し、彼らがゼネストを決行した。そのため、この反政府陣営をつぶそうと竜騎兵が出兵して、武力衝突となり、モスクワ市街戦を一〇日以上も展開した。レーニンたちの支援も空しく、ペテルブルクから派遣された近衛師団との流血の闘争となって、鎮圧されてしまったのである。しかしこのように反乱が続発してロシア各地が蜂の巣をつついたようになったのである。

こうした危機的状況に追いこまれたツァーリ政府は、弱腰になっていた態度を豹変させて再び弾圧政策に戻り、ペテルブルク・ソヴィエト議長を逮捕し、それに抗議するすべての反政府新聞を発行停止処分にし、ペテルブルク・ソヴィエトの執行委員会はトロツキーを含めて全員が逮捕された。それに対してソヴィエト委員会は、地下に潜伏して、さらにゼネストを呼びかける戦術に切り換えた。

次々と同志を得たレーニン

この時期のレーニンは、帰国した妻クループスカヤが手足となって、党の再統一をめざして、ボリシェヴィキ党大会を開催することに全力をつくし、一九〇六年一月に、警察の追跡から逃れるため、フィンランドのタンペレでの開催にこぎつけた。フィンランドはこの時代に帝政ロシアの支配下にあって、独立はしていなかったが、ある程度の自治権を獲得していたからである。この党大会で、レーニンは、ロシアで初めておこなわれる帝国議会選挙にボリシェヴィキが参加して、農民層と接触すべきだと主張したが、あるグルジア人の強い反対にあって、賛同を得られなかった。そこで初めて議長レーニンは、そのグルジア人スターリンというあくの強い男と直接対面し、固い握手を交わした。

続いてレーニンは、メンシェヴィキとの再統一を呼びかけ、スウェーデンのストックホルムで対決したが、多数を制するメンシェヴィキは、モスクワの流血事件で敗北したボリシェヴィキを相手とせず、レーニンはまったく旗色が悪かった。しかしこの党大会で、レーニンはフェリックス・ジェルジンスキーという活動家と初めて会った。この人物が、のちに革命成功後のレーニンの右腕としてソ連の秘密警察チェーカー（KGBの前身）の初代議長となり、人民弾圧をおこなうことになる。党大会は、武装蜂起のプロパガンダを進めることで衆議一決した。

ちょうどその一九〇六年五月一〇日に、ボリシェヴィキがボイコットした選挙を経て第一回の帝国議会が開催されたのである。ツァーリの専制を批判して民主的なロシアを求める立憲民主党（通称カデット）が大きな議会勢力となり、彼らがメンシェヴィキと親交し、ユダヤ人のブントもそのグループに組みこまれていた。カデットの政策内容は進歩的ではあったが、「消極的な抵抗」をモットーとして、〝反革命〟の立場をとっており、さらに悪いことに、皇帝の専制君主制度を認める超保守派内閣で新内務大臣に就いたピョートル・ストルイピンが恐怖政治の筆頭に立っていたのである。

そこで、こうしたなまぬるい集団を粉砕しなければならないと腹を決めたレーニンは、初めて大勢の群衆の前で演説する作戦に出て、工場街の大きなミーティングに出席し、変装し、変名で演説した。一般大衆に顔も知られていないレーニンだったので「一体あれは何者だ」ということになったが、レーニンに気づいたプティロフ工場の労働者が拍手の音頭をとると、会場が大喝采に包まれた。レーニンは「人民と専制政府の中間に揺れ動く妥協的な政党」を痛烈に批判して、その粉砕を決議案として提出すると、圧倒的な賛同を得て採択されたのである。

こうして初めてロシアの民衆に「妥協しない行動」を直接呼びかけることに成功したレーニンは、会場に潜伏していた私服スパイの目を逃れて外に出たが、集会参加者に対する警察の追及は、そのあと異常に厳しくなった。

八月には内務大臣から首相になったストルイピンが議会を解散してしまい、ストルイピンが敷いた恐怖政治のもとで、逮捕者があとを絶たず、革命家は次々と絞首台に送られ、絞首台は〝ストルイピンのネクタイ〟と呼ばれるようになる。かくして国民は、なかでも革命運動家は完全な沈黙を強いられた。レーニンも身の危険を覚えて、ペテルブルクからフィンランドに逃れ、クオカラという小さな町に潜伏した。

こうして年が明け、一九〇七年四月三〇日には、「全能の神よ、国王と金持を地上から消したまえ！」と教会員が歌う、ロンドンの社会主義的なブラザーフッド・チャーチで、第五回党大会が開かれた。監獄から出たばかりのトロツキーも出席したが、レーニンの演説は、妥協的なトロツキーの一味を粉砕し、スターリンの心をつかんだ。八月五日から一〇日まで、ドイツ南西部の工業都市シュトゥットガルトで社会主義者が集まる国際会議の第七回インターナショナル大会が開催され、ロシア代表としてレーニンが出席した。そこでポーランド代表団の反戦社会主義者の女性闘士ローザ・ルクセンブルクと語り合う機会を得たレーニンは、「もし戦争が勃発した場合には、われわれ社会主義者は、戦争を終らせるだけでなく、資本主義を崩壊させるために、戦争の危機を活かさなければならない」との議案を出し、ローザ・ルクセンブルクの同意演説があって、正式に採択された。

レーニンはフィンランドに戻ったが、秋にはストルイピンの弾圧の密偵がフィンランドまで迫ってきたことを知ると、年末にはスウェーデンに逃れて、そこからスイスに向かい、長い亡命生活に入り、以来一〇年間、一九一七年の〝二月革命〟が起こるまで故国ロシアの土を踏むことがなかった。

　翌年、一九〇八年一月にジュネーヴに戻ったレーニン夫妻は新聞の発行資金を必要としたが、それにはあてがあった。レーニンは当時、作家ゴーリキーと社会主義のありかたをめぐって交信していたが、ゴーリキーの親友サッヴァ・モロゾフが、先に述べた通り「ロシア最大の富豪」で、しかも労働者の味方だったにもかかわらず三年前にピストル自殺していた。そこで、レーニンはモロゾフ家の資産を手に入れようと考えたのである。

　サッヴァの姉妹と結婚した資産家パヴェル・シュミットの息子ニコライは、一九〇五年のモスクワ蜂起の折に自分の工場を反乱者に使わせたほど、革命主義者の味方で、その上、若くして何十万ルーブルという資産を持つモスクワの大富豪であった。そこで、レーニンは、彼の大金を狙って詐取《さしゅ》事件を仕組んだのである。というのは、このニコライ・シュミットがモスクワ蜂起で投獄され、一九〇七年に獄死した時に、「遺産はボリシェヴィキに贈る」と言い残していたからだ。このシュミットの二人の妹のうち、一人がうまい具合にボリシェヴィキ闘士の愛人であった。したがって、この遺言を口実にすれば、大金が手に入るはずであった。しかし彼女がまだ未成年で財産を処分する資格がなかったので、別の闘士を身代りにして偽装結婚させ、某夫人を名乗らせて兄の遺志を実行した、という巧みな詐欺であった。

これが、レーニンのボリシェヴィキの懐に、二〇万ルーブル近い大金が転がりこんだという有名な遺産詐取事件である。ところが『レーニン伝』など諸書に紹介されているこのストーリーは、レーニンの妻クループスカヤが『レーニンの思い出』に書いた嘘に基づくものであり、実際には、ニコライ・シュミットは、「遺産をボリシェヴィキに贈る」とは言っていなかった！　彼は、「ロシアの社会主義の運動全体に対して貢献しようとしていた」のだ。ということは、メンシェヴィキたちもその遺産の分け前にあずかる権利があったわけだから、ボリシェヴィキとメンシェヴィキのあいだで、莫大な金をめぐって法廷闘争までしながら争い続け、最後にはレーニンが策謀をめぐらして大金を独り占めしたというのが真相であった。

のちに国際会議インターナショナルの後身として設立されるコミンテルンの執行委員会議長となるユダヤ人グリゴリー・ジノヴィエフがレーニンに認められたのが、この時期であった。彼は、レーニンの死後にスターリン、カーメネフ（トロツキーの義弟）と共に三頭政治をおこなう大物だが、最後にスターリンによってカーメネフと共に粛清される。当時のジノヴィエフはまだ二〇代半ばの若さで、スイスのベルン大学に在学しながら、学校より社会民主労働党の集会に熱中して、一九〇五年にはロシアに赴いて活発な活動が認められ、ボリシェヴィキ・ロンドン大会の代議員となり、中央委員会の役員にも選ばれた。ロンドンからロシアに帰国して逮捕されたが、釈放後にレーニンのところにやってきた。そこで、ジャーナリストとしての有能な才覚を認められて新聞の編集がジノヴィエフに任され、〝レーニンの副官〟と呼ばれる存在になったのである。

この一九〇八年には、エスエル党を創設した最高幹部のエヴノ・アゼフが「ツァーリ政府の保安部スパイ」であることが発覚し、エスエル党の陣営に大きな衝撃が走った。ユダヤ人アゼフは、自らペテルブルク警保局長に、スパイとなることを申し出て当局に雇われた。そして〝血の日曜日事件〟の英雄ガポンを事件前に懐柔しようとした、かのスパイ工作の考案者ズバートフ長官に指導されて、表向きは「過激派テロリスト」として立ち回ってきた男であった。

実際にアゼフは、モスクワ総督のセルゲイ大公をはじめ、内務大臣や将軍の暗殺を実行して革命家陣営の英雄にまつりあげられながら、一方で、それらの反政府テロを黙認する警視庁の指揮下で、労働組合の活動を巧みに妨害するという、ロシア革命史上最大の内通者であったのだ。こうなると、誰を信用してよいか、分らなくなる時代であった。

レーニンは二年間のスイス生活を送ったあと、刺激ある活動を求めてジノヴィエフと共にパリに移住した。トロツキーはその頃オーストリアのウィーンにいて〝プラウダ（真実）〟を発刊していたが、フランスで頼れる人間として、レーニンはトロツキーの妹と結婚していたユダヤ人レフ・カーメネフ（本名ローゼンフェルド）に白羽の矢を立てた。先に述べたように、彼もレーニンの死後にスターリン、ジノヴィエフと共に三頭政治をおこなう大物だが、最後にスターリンによってジノヴィエフと共に粛清される人物で、当時はレーニンが目をつけて可愛がっていた内気な青年であった。カーメネフは、ボリシェヴィキに所属していたため、ペテルブルク工業大学に在学中の一九〇八年に逮捕され、国外に亡命していたのである。

一九一〇年に、レーニンはイタリアのナポリの南にあるカプリ島に亡命しているゴーリキーの招待を受けて訪問してから、その足でデンマークのコペンハーゲンに向かい、八月二八日から九月三日まで開催された社会主義者の国際的グループの会議、第二インターナショナル大会にプレハーノフ、ジノヴィエフ、カーメネフ、トロツキーらと共に参加した。

だがこの社会主義者たちは、ドイツ人、フランス人らが主導して右傾化していたため、ローザ・ルクセンブルクと共に左翼を結集させようとしたレーニンは、一〇〇〇人近い参加者に埋もれて、まったく無視されてしまった。この頃、スウェーデンのストックホルムに七二歳の母マリヤがいたので、レーニンは久しぶりに再会したが、それが母と会った最後の日となった。

ロシア国内では、一九〇六年に内務大臣から首相に就任していたストルイピンが、一九一一年九月一四日に、ウクライナのキエフで観劇中、皇帝ニコライ二世の前で銃撃され、四日後に死亡するという暗殺事件が起こった。この暗殺者もユダヤ人で、しかもアゼフと同じように警察のスパイだったという奇怪きわまる史実であった。

混乱する社会主義陣営

一九一二年一月一八～三〇日にチェコのプラハで、レーニンの指導のもとでロシア社会民主労働党の協議会が開催され、ボリシェヴィキの中央委員会が設立された。これが、公式の「ボリシェヴィキ党」の誕生として歴史に残るプラハ会議であった。社会主義グループの中でも中道を称するトロツキー派たちはこの会議をボイコットしたが、レーニンが提案した「次の第四回国会選挙にボリシェヴィキ党が打って出ること。一日八時間労働を厳守すること。大地主の土地を没収して農民に与えること。ロシアに民主共和制を確立すること。トロツキーの〝プラウダ〟に対する補助金は打ち切ること」など、重要な決議を採択し、党の最高権力機関として定員七名の新たな中央委員会を設立したのである。

この時、スターリンは流刑に処されていたので参加できなかったが、流刑地から逃げ出して、三月にはペテルブルクに舞い戻ってきた。トロツキーの〝プラウダ〟がボリシェヴィキの資金打ち切りで廃刊になったので、五月にスターリンがペテルブルクで〝プラウダ〟を発刊することに成功したが、翌日にスターリンはまたもや検挙されて流刑地に向かった。一方、トロツキーはプラハ会議の補助金打ち切り決定に激怒して、メンシェヴィキやユダヤ人ブントやプレハーノフ派など多数の社会主義グループを一堂に集めて、社会民主党の全体会議を開き、レーニン批判を展開することに成功した。そのため、一見するとレーニンは四面楚歌の状態となったが、レーニン自身はまったく意に介さなかった。

レーニンは、〝プラウダ〟の再発刊に喜び、新聞と連携するためロシア国境に近い場所を選び、妻と共にオーストリア領ポーランド南部の古都クラクフに移住し、一緒についてきたジノヴィエフとカーメネフがレーニンの指示のもとに新聞原稿を書いて首都ペテルブルクに送った。ところが発刊元のペテルブルク編集部が遅鈍で、メンシェヴィキに遠慮しながら臆病な原稿に書き換えて掲載する有り様だったので、ボリシェヴィキ党員として何度か逮捕されていた上流階級出身の学生ヴャチェスラフ・モロトフ（本名スクリアビン）を雇った。偽名〝ハンマー〟を意味するモロトフと名乗ったこの男が、のちに独裁者スターリンの手足となってソ連の外務大臣に昇進し、後年にはナチス・ドイツのリッベントロップ外相と密約を結んで、第二次世界大戦の戦端を開くポーランド侵攻という大罪を犯す人物であった。

この一九一二年秋に、第四回の国会議員選挙がおこなわれると、ペテルブルクの労働者がボリシェヴィキ党員を選出したので、レーニンはようやく同志を合法的に国会に送りこむことに成功した。さらにモスクワでは、ボリシェヴィキ中央委員会のメンバーとなったロマン・マリノフスキーが当選した。ところがこの男は、アゼフに次ぐツァーリ政府の大物スパイであり、秘密警察オフラナの手先として活動し、スターリンの逮捕もこの男の密告によるものであった。

結局、社会民主党としては、メンシェヴィキが七人、ボリシェヴィキがマリノフスキーを含めて六人当選した。このスパイのマリノフスキーが、社会主義者を代表して議員団の声明書を議会で読み上げたのである。彼の任務は、ボリシェヴィキとメンシェヴィキを分裂させて、いずれも大きな勢力にならないように誘導することであった。しかしレーニンはマリノフスキーがスパイであると気づかなかった。マリノフスキーの当選を知ったモスクワの活動家ニコライ・ブハーリンが、「自分が逮捕されたのはマリノフスキーに会った翌日である」とスパイ疑惑を警告したが、レーニンはマリノフスキーの当選を絶讃して、「同志を中傷するな。裏切り者！」と激怒したのであった。

この目の利くブハーリンは理論家として台頭し、ソ連誕生後に〝プラウダ〟編集長となって、共産党最高幹部七人の中に数えられ、のちにスターリンに粛清される人物であった。かくしてレーニンの〝プラウダ〟編集部幹部は、次々とマリノフスキーに売られて逮捕され、スターリンもシベリアに送られたきり、一九一七年の革命が起こるまで帰国できなくなった。

しかし翌年、一九一三年のロシア暦二月二一日に、ロマノフ王朝成立三〇〇年記念を祝い、威信をかけた祭典がペテルブルクで挙行され、皇帝ニコライ二世が恩赦を発表したため、拘束されていたカーメネフたちが合法的な生活に復帰できた。そして彼が〝プラウダ〟の編集に従事したため、レーニンの望む新聞が発刊できるようになった。ところがこの時、妻クループスカヤが、甲状腺疾患のバセドー病にかかって、医師から山地の療養を勧められた。夫婦でオーストリアの山岳地方に移ったが、経過が思わしくないので、レーニンは妻にスイスの専門医の診断を受けさせ、手術に成功後、しばらくスイスで養生させた。そうした時期に、〝プラウダ〟がまたしても発行停止を食らったのである。

第二章

第一次世界大戦が開戦し、革命が勃発した！

戦争の勃発を望んでいたレーニン

ついに、第一次世界大戦の引き金を引くサラエボ事件が起こる一九一四年がやってきた。その年の初めに、ボリシェヴィキに潜入して幹部に成り上がっていたスパイのマリノフスキー議員が、身元の発覚をおそれて取り乱しはじめると、新内務大臣がマリノフスキーを切ることに決断し、六〇〇〇ルーブルを渡して外国に姿をくらますよう命じた。マリノフスキーは、国会議長に辞表を提出し、列車でオーストリアに逃げようとしたが、ボリシェヴィキ議員団が引き止めてレーニンに引き合わせた。

取り乱して意味不明の言葉をしゃべるマリノフスキーに驚いたレーニンだったが、翌日には、警察のスパイであった事実が暴かれた。ボリシェヴィキの陣営が蜂の巣をつついたようになり、国中でも大事件となったが、スパイの確証がつかめないので、レーニンはマリノフスキーに「姿を隠すように」と告げて、国外に逃がした。彼がボリシェヴィキによって処刑されたのは、ロシア革命翌年の一九一八年であった。

この頃レーニンは、「戦争が勃発すると内乱が発生するので、革命を起こしやすくなる」と考えていた。そのため、戦争そのものを憎んでいながら、戦略的に、ヨーロッパの戦争勃発を内心で待望していた。この戦略は、一見すると正しいように思えるが、それは国家が戦争に敗北している場合にしか成り立たない話であった。逆に、戦争に勝利している場合には、国民が政府と同じように熱烈に軍国主義化してゆくので、戦争待望論はきわめて危険である。レーニンはその過ちに気づかなかった。

そこに、一九一四年六月二八日にハプスブルク家のオーストリア皇太子夫妻が暗殺されるサラエボ事件が起こったのである。そうした激動を受けて七月一七日にはプティロフ工場でストライキがはじまって七月闘争が狼煙《のろし》をあげたが、八月一日にドイツが総動員令を発令してロシアに宣戦布告したのである。この第一次世界大戦の主要国は「ドイツ帝国、オーストリア＝ハンガリー帝国、オスマン帝国（トルコ）」対「イギリス、フランス、ロシア」であり、のちにアメリカが参戦した。この年八月から、ロシアの首都は、敵国ドイツの呼び方ペテルブルクから、ロシア語のペトログラードに改称された。

レーニンがいたポーランドのクラクフは、ワルシャワと違って「ロシアの敵国」オーストリア領、つまりドイツ側陣営だったので、開戦後に同地のロシア人が収容所に入れられることは明らかであった。ヨーロッパ諸国が次々と戦争に巻き込まれていくなか、レーニンも急いで脱出しなければならなかったが、同志ジノヴィエフの妻が重病なので、とどまることにした。しかし当初は戦争反対の声をあげていたドイツの社会民主党議員がそろって戦争に賛成し、フランスとベルギーの左翼も同様であり、戦争反対陣営が総崩れになっているではないか。

そして八月六日にはオーストリアがロシアに宣戦布告した。そのため翌日に、レーニンのところに憲兵がやってきて家宅捜索をしてから、身柄を現在のドイツのノイマルクトの官憲に引き渡すことを通告し、「明朝にノイマルクト行きの列車が出る駅に出頭する誓約書」を書かせてから、引き取った。レーニンはすぐに逃げればよいものを、手間取っているうちに予審判事に尋問されて、スパイ容疑で投獄され、二週間近く留置された。しかしその後、巧みに特別待遇を受けて釈放され、出国の許可証をもらうことができた。

実は、この留置がなければ、ロシア人を憎む現地農民によるリンチを受けてレーニンは殺されていたかも知れなかったので、幸運であった。すでにこの一九一四年八月は、烈しい戦闘が展開されていた時期だったが、レーニン夫妻とジノヴィエフ夫妻は、一週間の旅を続けて、九月五日にスイス西部の大都市ベルンに無事脱出した。

帝国主義の戦争が社会主義者を堕落させる

レーニンは早速ベルンのボリシェヴィキを集めて郊外の森でひそかに会合を開き、「この戦争は、敵味方とも帝国主義者たちが経済市場と植民地を獲得することを目的としたものであり、資本家が労働者を奴隷にして、分裂と根絶に追いこもうとしている」と定義した。つまりドイツの社会民主党が戦争に賛成して社会主義に対する裏切りを犯し、フランスとベルギーの指導者たちもブルジョワ内閣に入って裏切り、社会主義者の国際的組織「第二インターナショナル」がすでに無意味な存在となっていることを指摘して、痛烈に批判した。そして「われわれロシアの社会民主主義の第一の務めは、君主制の愛国主義に徹底的な戦いを挑むことである」と断じた。それらの内容を文書に記して、ジュネーヴで印刷し、ロシアをはじめ世界中に配った。それはまさしく、レーニンが待望していた戦争に対する挑戦状であった。彼には新聞という手段があり、あとはその部数を増やすことだけだった。

ところが、問題はロシアの同志のほとんどが逮捕されてシベリアに送られ、開戦直前に〝プラウダ〟が発行停止を受けていたことであった。そこでレーニンは、北欧のストックホルム経由でカーメネフと四人のボリシェヴィキ国会議員と連絡をとりあったが、一一月にはその議員全員が検挙されて、流刑となってしまった。戦争とは、こうして反戦主義者を弾圧することからはじまるのだ。そこでレーニンは、ヨーロッパ全土のボリシェヴィキに、スイスのベルンに集まるよう呼びかけた。

開戦翌年の一九一五年二月二七日から六日間にわたって、レーニンの呼びかけに応えてベルン会議が開かれ、レーニンが決議案を提出した。この決議案は『レーニン伝』など諸書に紹介されている通り、非常に重要な以下の八項目であった。
①労働者と兵士による革命運動を開始するための宣伝活動、②国際的な日和見主義者に対する闘争、③合法的活動と非合法的活動のための地下組織の構築、④真に革命的な社会民主主義者は自国政府の敗北を求めて、そのための実際的活動を開始する、⑤卑劣な平和主義と、偽善的で効果のない民主的平和の宣伝に対する反対闘争、⑥圧迫された民族の独立に対する支援、⑦新ヨーロッパの建設を目指し、ヨーロッパ合衆国の原則を認める、⑧第三インターナショナルを創立するための準備活動（のちにこの第三インターナショナル構想が軍事革命組織コミンテルンとして誕生する）。
このうち、第四項の「祖国の敗北を求める」というスローガンは、先に述べた通り、かねてからレーニンが抱いていた「戦争が内乱を誘発して革命を起こしやすくなる」という考えを転化した結論であり、「祖国の敗戦は革命を一層起こしやすくなる」という主張であった。しかし「敗戦を求める」という言葉は理論家が犯しやすい飛躍した机上の主張に

すぎなかった。現実に戦火を交える戦場では、開戦直後の一九一四年八月二六～三〇日におこなわれた〝タンネンベルクの会戦〟で、ドイツ軍がロシア軍を森林と湖沼の散在する地帯に誘導して殲滅《せんめつ》し、敗れたロシア軍の死傷者が一二万人にも達していたのである。

殺され傷ついたこの兵士たちは、きたるべき革命で救われるはずのロシアの農民と労働者だったので、ロシア人同胞の悲劇を無視しているとして、ブハーリン一派から、レーニンは激しい批判を浴びた。例のマリノフスキーがスパイであることを最初に見破ったモスクワの理論家が、このニコライ・ブハーリンであった。そこでレーニンは表現を変えて、「ロシアの戦争勝利は最悪の結果を招く。ロシアの敗北は、ほとんど悪ではない」といった文言を加えた。しかし革命運動の開始を求めたこのベルン会議は、国際的にはほとんど無視されてしまった。それはまさにベルギーで〝イプルの戦い〟が展開され、一九一五年四月にドイツ軍が毒ガスをフランス軍に対して初めて使用して、西部戦線が地獄の様相を呈しはじめた時期にもあたっていた。

レーニン夫妻は、クループスカヤの病気が再発したのでマッターホルンの山麓地方に移って静養していたため、戦場の悲惨さとかけはなれた平和な日々をすごした。ここにレーニンが、戦場の兵士の苦悩に無頓着だった理由が見出されるであろう。

弾圧される戦争反対の声

しかしヨーロッパでは、一〇ヶ月にもわたる殺し合いが展開されるうちに、やがてドイツで、ローザ・ルクセンブルクの同志で、ドイツで戦時公債に反対して徴兵されていたカール・リープクネヒトが反戦運動の狼煙《のろし》をあげ、「最大の敵は、わが祖国にある」という声明を出し、翌年一九一六年一月一日には、ローザ・ルクセンブルクとリープクネヒトが戦争にのめりこむ帝国主義に反旗を翻すため〝スパルタクス団〟を結成することになる。

この命名のもとになったスパルタクスは、紀元前七三年に自由を求めて逃亡し、大反乱を起こした古代ローマ帝国の奴隷であった。ほかの地域の奴隷たちも反乱に加わって、数万から十数万人の民衆軍隊を率いたスパルタクスが、世界一のローマ軍団をたびたび打ち破ってイタリア半島を席捲《せっけん》した史実に倣って、民衆運動を拡大しようというのが、ローザたち戦争反対派の意図であった。こうした声に応えて、フランスでも労働組合が、「この世界戦争はわれわれの戦争ではない」と宣言し、教員組合も「流血はもうたくさんだ！」という声明を出すに至ったのである。

戦争史を知らない現今の物書きの書籍を読むと、「二〇世紀の第二次世界大戦が終るまで、世界中の人びとにとって戦争が悪という観念は薄かったので、戦争や民族差別への批判が強い今の認識で当時の人々を批判するのは軽率だし、生産的ではない」と主張する文章があって、それを書評家が高く買っているので驚かされる。あるいは「ナチス・ドイツに協力した人間は、当時の潮流に呑まれただけで、悪人ではなかった」といった文言にも出くわすが、こうした言葉を平然と書きなぐる人間は、ここに記述している通り、戦争反対に多くの人間が動いた史実を知らない世代である。

そもそも、世界的な作家となっていたトルストイが日露戦争に反対を表明し、一九〇五年の〝血の日曜日事件〟で、ロシアの民衆は日露戦争反対を叫んで数千人が死傷したのである。そして一九一四年に第一次世界大戦が開始されようとした時には、どこの国でも多くの人が戦争に反対し、ドイツのベルリン、オーストリアのウィーン、フランスのパリ、イギリスのロンドン、ハンガリーのブダペストなど、ヨーロッパ中の大都市で、「平和を求める！　血を流すな！」の叫び声が響きわたったので、各国政府は自国民に自国の政策を宣伝して、必死に戦争を正当化しなければならなかった。

そして開戦直後の一九一四年七月三一日には、ドイツとの平和を提唱していたフランス社会党指導者ジャン・ジョーレスがパリで暗殺されるという象徴的な事件が起こった。これは、戦争を求めない大衆に対する威圧的な事件として、ヨーロッパ人に大きな衝撃を与えた。また、イギリスの労働党は「この戦争は支配者階級同士の闘いであって、ヨーロッパ各国の労働者同士には何の利益もない。ドイツの労働者と手を結んで、戦争に反対する！」と、きわめて正当な反戦宣言を出していた。

ところが宣戦布告が出されると、燃えあがる国民の参戦意思を止められなくなり、結局「祖国防衛のための戦争」という民族主義的スローガンの前に敗北してゆき、どこの国でも、交戦開始によって〝祖国防衛戦争〟という大義の前に反戦思想がかき消されていった。これら連綿と続く戦争反対運動に参加した人びとは、それぞれの政府によって弾圧され、投獄され、殺され、あるいは脅迫されるか懐柔されて、もの言えなくされたのである。この史実にこそ、これから述べるロシア革命が、従来の人類の悪習を見事に打ち破った行動の真髄が見出されることを、知っておく必要がある。

そして一九一五年九月五〜八日にかけて、国際社会主義者会議がスイスのツィンマーヴァルトで開催されて、彼らが国際的反戦運動を立ち上げたので、この会議の内容をくわしく述べる。ここでレーニンが、ブルジョワ政党に対して妥協的な右派と訣別することを強く求めた。この会議に、ロシアからはボリシェヴィキのレーニンとジノヴィエフのほか、メンシェヴィキ二人とエスエル党員二人およびすでにメンシェヴィキを離脱していた中道派トロツキーの合計七人が参加した。ドイツが最も多く一〇人で、スイス五人、イタリア四人、ポーランド四人、フランス二人、あとはスウェーデン、ノルウェー、オランダ、ブルガリア、ラトビア、ルーマニア、ブント（同盟）のユダヤ人が一人ずつであった。しかしカール・リープクネヒトや、同じく反戦運動で投獄されていたローザ・ルクセンブルクと、イギリス独立労働党やアメリカ社会党の代表は参加しなかった。

この会議では、マルクス主義者の国際的グループ「第二インターナショナル」を形成していた各国の社会民主党は、それぞれの自国政府を支持した。ところがレーニンは、「自国政府が戦争に敗北すれば、革命を容易に達成できるではないか」と主張し、先のベルン会議で訴えたように、従来の反戦運動の枠組みを踏みこえる「革命的祖国敗北主義」を打ち出したのである。この時、レーニンに賛同したのは、ドイツ社会民主党に属するポーランド系ユダヤ人のカール・ラデックというジャーナリストであった。オーストリア国籍の彼は、徴兵されてスイスに逃れた脱走兵だったが、大々的な反戦運動を起こそうとペンをとり、レーニンとも深く語り合ってきた人物であった。のち革命成功後に、このラデックがトロツキーの右腕となって、外交官として活躍する。

この時の国際会議で激論を展開したレーニンは、大勢の支持を得ることができずに、

〝ツィンマーヴァルト左派〟と呼ばれる少数グループを形成していくこととなった。結局この会議は、第二インターナショナルのなまぬるい反戦宣言を踏襲し、終戦後の「領土併合と戦争賠償をナシとする」ことを前提とした講和を提唱する「ツィンマーヴァルト宣言」を採択して会議を終えたのである。

ベルンに戻ったレーニン夫妻は、生活費が底をつきかけていたが、著書をロシアで発行するため、スイス国内で図書館に文献がそろっているチューリッヒに移住し、そこでささやかな仕事をみつけたクループスカヤがなんとか生活費をひねり出した。戦場ではロシア軍の敗退が続いたせいで、一九一六年に入ると、レーニンの〝ツィンマーヴァルト左派〟は次第に賛同者の数を増やし、一月にはペトログラードの労働者六万七〇〇〇人が参加する大規模ストライキがおこなわれ、四月にはドンバスの炭鉱夫と、鉄鋼労働者のストライキが起こった。

しかしロシア軍は、六月からブルシーロフ将軍が突撃攻勢に出て、大戦争に突入したため、ロシア国内は徴兵が厳しくなって国民の苦難は一層増大した。その結果、一〇月にはペトログラードで労働者が反戦ストライキに打って出た。労働者は物価高で生活が困窮しはじめていたのである。

ラスプーチン暗殺事件

その年末だったが、一九一六年一二月二九〜三〇日（ロシア暦一二月一六〜一七日）にロシアの怪僧グリゴリー・ラスプーチン暗殺事件が起こったのである。

一二月二九日夜に、フェリックス・ユースーポフ王子がラスプーチンを暗殺するため、スタニスラフ・デ・ラゾヴェルト博士と共にラスプーチンのアパートを訪問し、三〇日深夜午前一時に、ユースーポフ王子がモイカ宮殿にラスプーチンを招待した。ユースーポフ王子は毒殺用として数人分の致死量の青酸カリを盛った小さなケーキ〝プチフール〟と紅茶を出したが、ラスプーチンは毒入りの食事を平らげたあとも平然としていた。

数時間後にラスプーチンが泥酔したことを確認したユースーポフ王子は、応接室でニコライ二世の従弟ドミトリー・パブロヴィッチ大公から拳銃を受け取り、部屋に戻って背後からラスプーチンに向かって二発を発砲した。銃弾はラスプーチンの心臓と肺を貫通して怪僧は床に倒れたが、死んだと思われたラスプーチンが起き上がったので、驚愕したユースーポフ王子は中庭に逃れ、騒ぎを聞いて駆けつけた極右の国会議員ウラジーミル・プリシケヴィッチがラスプーチンに拳銃を発砲した。一発は背骨を貫通し、ラスプーチンは雪の上に倒れたが、再び起き上がったため、ユースーポフ王子がラスプーチンの額を拳銃で撃ち、ついに怪僧が絶命した。

　モイカ宮殿に戻ったドミトリー大公がラスプーチンの遺体を絨毯《じゅうたん》で巻いて車に積みこみ、凍りついたネヴァ川に氷を割って開けた穴に、橋の上から遺体を投げこんだ。ユースーポフ王子は、ラスプーチンの庇護者である皇后アレクサンドラ・フョードロヴナに謁見を求めたが拒否され、ペトログラードから逃亡したが、一二月三一日、モイカ宮殿で血痕が発見され、ユースーポフ王子とドミトリー大公は自宅軟禁下に置かれた。

　年が明けて一九一七年一月一日早朝、橋から一四〇メートル西に離れた岸辺からラスプーチンの遺体とコートが発見されたのである。ただし以上はユースーポフ自身の回顧録に基づくストーリーで、実はラスプーチン殺害を幇助した黒幕がその場にいた、あるいは毒は盛られていなかった、最初の銃弾はまともに当たっていなかった、などの諸説がある。

　このあとのユースーポフ王子の動きが興味深いので、一筆ふれておく。

　この年、一九一七年三月八～一二日（ロシア暦二月二三～二七日）に、のちにくわしく述べる二月革命が起こって、ユースーポフ王子はその難を逃れたが、その時、一世紀にわたって一家が代々所有してきたレンブラントの名画二枚を持ち出した。彼はそれぞれの絵画の上にわざと無造作に風景画のキャンバスをかぶせて、ボリシェヴィキの誰にも怪しまれないようにした。パリに到着後、金のない王子はアメリカの美術品コレクターで、モルガン財閥のUSスチール設立に参加した富豪ジョゼフ・ウィードナーにレンブラントの絵画を預け、三六万五〇〇〇ドルを借りた。質入れと同様で、八％の金利で一〇年後に借金を完済した時に絵画を返すという条件だった。

その日が来て、ユースーポフ王子は利子を含めて五六万ドルを返済した。ところがこの返済金をユースーポフに貸したのが、アメリカとヨーロッパの石油業者が中東の石油採掘権を勝手に取り決めた〝赤線協定〟の調停人であるアルメニア人の石油成金カルースト・グルベンキアンだったので、今度はグルベンキアンがその絵画の所有権を持った。するとウィードナーは、それはおかしいと裁判所に訴え、勝訴してグルベンキアンから絵画を取り戻した。ウィードナー・ギャラリーに、レンブラント、エル・グレコ、ベラスケス、ラファエル、ヴァン・ダイク、ティツィアーノ、フランス・ハルス、クールベらの世界的名画がコレクションされたのは、こうした歴史によるものであった。

殺されたラスプーチンの権威

暗殺されたラスプーチンとは何者で、なぜ殺されたのだろうか。シベリアの農民出身の彼は、初めはペテルブルクに出て人びとに病気治療を施して信者を増やし、「神の人」と称されるようになり、神秘主義に傾倒するミリツァ大公妃とアナスタシア大公妃の姉妹から寵愛を受けるようになった。〝血の日曜日〟事件があった年、一九〇五年一一月に大公妃姉妹の紹介で、彼はロシア皇帝ニコライ二世とアレクサンドラ・フョードロヴナ皇后に謁見した。当時のロシア貴族の間では神秘主義が広く浸透して、皇后アレクサンドラも神秘主義に傾倒していたので、ラスプーチンを崇めるようになったのである。皇帝の一人息子アレクセイ皇太子が、出血すると止血しにくい血友病患者であったので、一九〇七年四月にエカテリーナ宮殿に呼び出されたラスプーチンは、皇太子の治療に当たった。

医師たちはラスプーチンの能力に懐疑的だったが、彼が祈禱を捧げると、翌日にはアレクセイ皇太子の発作が治まって症状が改善したことから、皇后アレクサンドラから絶大な信頼を獲得したのである。この皇后アレクサンドラは、ドイツのヘッセン大公ルートヴィッヒ四世と、イギリスのヴィクトリア女王の次女アリスの間の四女だったので、第一次世界大戦の敵味方の血が流れていた。やがてラスプーチンは、皇后はじめ宮中の貴婦人や、宮廷貴族の子女から熱烈な信仰を集めるようになった。

周囲では、この怪僧が皇帝夫妻をたぶらかし、しかも淫乱であるとして、ラスプーチンを追放しようとする動きが盛んにあった。しかし、ニコライ二世は一人息子のアレクセイを溺愛していたので、アレクセイを守ってくれるラスプーチンを庇護し、ラスプーチンは預言者的な言動で皇帝夫妻の心を掌握してしまったのである。ラスプーチンは宮廷派、俗に〝黒百人組〟と呼ばれる極右の一大勢力を形成していた。彼らがロシア正教会を信奉して、ポグロムを遂行するために暴力グループを雇い、ユダヤ人や革命主義者を背後から襲撃するテロリスト・グループとして活動したため、反ラスプーチンとみなされる人間がしばしば理由もなく更迭されるようになったのだ（この〝黒百人組〟の残党が、現在でもネオナチと同じようにロシアに生き続けていることは記しておく必要がある）。

第一次世界大戦直前になると、皇后アレクサンドラが生まれ故郷のドイツびいきだったためであろうか、皇后に引き立てられていたラスプーチンがドイツ帝国との戦争に反対し、「戦争を避けるためならば、どんな努力も惜しまない」と皇帝に懇願し、「戦争をはじめれば、ロマノフ家とロシアの君主制は崩壊してしまう」と国の将来に対する不安を伝えたのである。だがニコライ二世は、一九一四年七月三一日にロシア軍総動員令を布告して、ドイツ軍との戦端を開いてしまった。

こうして戦闘が進むにつれてロシア軍の苦戦と、国内での革命の動きが切迫してきたため、宮廷派も動揺し始め、敵国ドイツとの単独講和が真剣に検討されはじめた。翌一九一五年には、ロシアは思い通りにならない戦場での苦難と、国民生活の困苦を招いて、戦局の建て直しに必死の状態に陥った。そして国内でのストライキの参加人数は、三月の一万五〇〇〇人から九月の二〇万人へと激増していったのである。一九一五年五月にはイギリス・フランスとの連合に注力していた外相ペトロフが辞任し、親ドイツ派で皇后アレクサンドラの手先と見られていたシュトルメル（シチュルメル）が外相に就任した（彼は、一九一六年二月には首相に就任した）。その間、一九一五年九月五日に、皇帝の父の従弟にあたるロシア軍最高司令官ニコライ大公が罷免され、皇帝ニコライ二世本人がロシア軍の最高司令官になった。

翌年、一九一六年二月一日、開戦時からのロシア首相ゴレムイキンが解任され、後任に外相シュトルメルが就任したが、彼は一一月二三日に辞任した。四月二四〜三〇日には、スイスのツィンマーヴァルトに続いて、同じスイスのキーンタールで国際社会主義者会議が開かれ、戦争終結と平和のための闘争を討議した。この頃には、ロシア帝国の専制政治の支柱となってきた大貴族たちも、ついに政府崩壊を危惧するまでになったが、彼らはラスプーチンが諸悪の根源と考えるようになり、一九一六年一二月二九〜三〇日に、ユースーポフ王子らが、ドイツとの戦争に反対してきた怪僧グリゴリー・ラスプーチンを殺害したのである。

二月革命が勃発した！

しかしラスプーチン暗殺後も、皇帝夫妻の態度は変らず、ニコライ二世は、すでに独断で強硬政策を進めようと、国会解散の勅令さえ用意していた。これに対して進歩派グループは、ペトログラードと大本営のあるモギリョフ（モギレフ――現ベラルーシの都市）の間で皇帝の列車を停止させて皇帝を退位させ、幼少の皇太子アレクセイに皇位を譲らせ、親英仏派の皇弟ミハイル大公を摂政《せっしょう》にかつぎあげようと陰謀をめぐらしていた。ところが彼らより先に蜂起したのはロシアの民衆であった。この第一次世界大戦が、民衆を貧困のどん底にたたきこんでいたからであった。

戦争に召集されたロシア人の総数は一五〇〇万人という膨大な数におよび、うち農民が大半の一三〇〇万人を占め、残り二〇〇万人が労働者階級のプロレタリアートであった。大戦勃発時の一九一四年七月から一九一七年八月までの三年間で、労働者の賃金は五倍にあがったが、物価はそれよりはるかに急騰し、毎日食べるパン、牛乳、肉が六・六倍になり、生活必需品に至っては一二倍にはねあがっていた。国家としてのロシアの借金も、ヨーロッパ諸国の戦費をアメリカから送りこんだモルガン商会などの外国に対して、開戦前の二倍以上となっていた。加えて、軍隊に召集された農民や労働者は、粗末な食糧しか与えられずに命懸けの前線に送りこまれ、戦争の目的も知らず、したくもない戦争であるから逃亡兵が続出していた。

死をおそれるばかりで戦意を喪失したロシア兵のあいだでは、前線での投降兵が一九一五～一九一六年の二年間で二〇〇万人にも達していた。その最大の原因が、前線での食糧不足による飢餓にあった。水のようなスープに、ひときれの黒パンだけなのだ。その上に、戦場でのきびしい寒さと雪と、ドイツ軍の毒ガスが襲いかかって、失明者が続出していた。こうした悲劇は、野戦病院で苦悶している兵士を見れば、誰にも分ることであった。ところが将校たちは、狂信的な祖国防衛思想にこりかたまって、突撃を命じるのだから、将校に対する兵卒の不信感は頂点に達し、とても勝てる戦争ではなくなっていた。

やがてこのロシア兵たちは、自分たちが戦っている相手のドイツ兵も、「故郷に年老いた両親や妻子を残してきた農民や労働者であり、同じ悲しみをなめている仲間である」と気づくようになった。その結果、彼らの怒りが向かったのは、敵国ドイツの皇帝ヴィルヘルム二世と、ロシア皇帝ニコライ二世の双方であった。「奴らが真の敵だ！」と……かくして、戦争そのものを憎むようになっていったのである。

この当時、どこで兵器を製造していたかといえば、全ロシアの二割近くの兵器工場、火薬工場、造船工場が、首都ペトログラード（旧ペテルブルク）とその周辺に、異常に集中していたのだ。ここを制する者が、全ロシアを制するはずであった。将校たちは前線の士気がおそろしく低下している危機に気づいたので、ペトログラード防衛の重要性については、帝政ロシア政府にも分ってきた。そのため、警官と騎兵と歩兵と憲兵隊を配備して、革命主義者の鎮圧準備を進めていた。しかし一方で、ロシアでは、ほかの国には見られないほど、大企業に全労働者の六割が集中していた。つまり、革命主義者たちが組織運動を展開するのに、これほど条件のよい都市は、ほかになかったのだ。

その労働者たちは、一九〇五年一月に、首都ペテルブルクにある「ロシア最大の工場」プティロフ造船・重機製造工場でストライキを起こし、ペテルブルクの全労働者の六割が参加したほどの革命の闘士集団であった。その後も、彼らは行動をやめることなく、ロシアの帝政に絶えず怒りの声をあげ続け、第一次世界大戦の開戦後は、ますますその行動が激しくなっていた。そしてついに……

大戦中の一九一七年三月八日（ロシア暦二月二三日）、〝ロシア二月革命〟が勃発したのである！

革命の経過は、以下のようであった。すでにこの年の一月二二日に、ペトログラード、モスクワ、バクーなどの主要都市で、大規模な政治ストライキと反戦デモが決行されていた。そこで翌二月には、政府が首都ペトログラードに戒厳令を敷いて、大量の軍人と警官を動員して、大砲、機関車、船舶、鉄道レールを製造しているプティロフ軍需工場の労働者が街頭に出れば血祭りにあげようと待ち構えていた。そこに、プティロフ工場の労働者が、赤旗をかかげてデモを強行したのである。

彼らはゼネストを呼びかけ、ほかの業種の労働者にも合流するよう団結を訴え、ついに軍隊と衝突した。軍隊の暴力にもひるまず、彼らは二月二八日に大集会を開き、三日後の三月三日には一部の工場が、「反政府行動のためクビになった労働者の再雇用」と「賃金の五〇％引き上げ」を求めて、ストライキに突入した。

さらに三月五日夕刻には、傘下にあるすべての工場の労働者が集まって、「食糧をよこせ」という切実な要求を出しはじめた。政府側は、この軍需工場がストップしては身動きがとれなくなるので、スト参加者に懲罰をちらつかせながら、三月七日には、工場主がロックアウトに踏み切った。ロックアウトとは、ストライキなどの労働運動に対抗して資本家側がおこなう工場閉鎖などの強硬手段のことで、労働者に対する就業拒否、つまり職場への立入禁止であった。すると労働者たちは、革命を求める共産主義者のボリシェヴィキに連絡をとり、ついに火薬類を生産している化学工場と石炭工場にストライキを拡大する行動を起こした。そしてこの一斉蜂起が、全土に伝えられていったのである。

革命の狼煙はモスクワにも飛び火し、労働運動が盛んなディナモ電気工場でも、労働運動が遅れていたリハチョフ自動車工場でも、同じように発火して、もはや食い止められる状態にはなかった。一方、ロシア全土の農民は、最も重要な農繁期に徴兵が実施されて、前線に送りこまれ、農耕用の馬も軍に徴発されて人力だけで耕作しなければならなかったので、さらに一層ひどい状態にあった。にもかかわらず、農村の労働力不足を補うために政府がとった方法は、捕虜と逃亡者という劣悪な働き手を農村に送りこんで解決しようというものだったのだから、農業生産力が一気に激減した。

その結果、食糧不足がきわめて深刻になっていた。都市で台所をあずかる主婦は、空腹にあえぐ子供のために、病人のために、食べ物を求めて数時間も行列に並び、町中をさまよい歩くような日々を送っていた。こうした女たちの怒りは、耐えられる限界を越え、ロシア人の生命の危機、生存の危機を示していた。

首都ペトログラードでは、食糧事情は、卵も肉も牛乳もほとんど食べられないほどに悪化していたため、三月八日（ロシア暦二月二三日）の木曜日、国際婦人デーに、プティロフ工場の労働者二万人が街頭にくり出すと、そこに「パンを！」と叫ぶ主婦が子供をひき連れてどっと加わり、デモはみるみるふくれあがり、「戦争をやめろ！」、「パンを！」、「夫を返せ！」というスローガンを掲げて市の中心部をめざして大行進がおこなわれた。

こうして食糧配給を求める大規模のデモが起こった。だが、デモは騎馬隊に蹴ちらされて、夜一〇時には市内が平静に戻った。しかし、左翼のボリシェヴィキも、ロシア政府も気づいていなかったが、実は、この日が「革命の勃発」だったのである。すでに一般の民衆が、ロマノフ王朝（ツァーリズム）打倒をめざしていたのだ。

翌九日には、早朝八時からデモがはじまり、警官隊が橋を通行禁止にしたが、数千人の大群衆が凍りついたネヴァ川の氷の上を歩いて市内になだれこみ、騎馬警官に蹴ちらされても、すぐに戻ってきて、民衆の数が桁違いに膨大なものにふくれあがり、警官との衝突は激化し、パン屋に対する襲撃がおこなわれた。工場ストライキには二二四工場で二〇万人が参加する事態に発展したのである。ここで彼らが、デモを鎮圧するために動員された兵士や警官に、「デモに加われ！」と呼びかけたのだ。特に婦人労働者からの呼びかけ――「私たちの夫、父、兄弟は前線にいます。あなた方には母や妻、姉妹、子供がいるでしょう。私たちはパンと、戦争の停止を求めているだけです」という切迫した要求に、軍隊が動揺しはじめた。この兵士たちには、ペトログラードの労働者出身の者がかなり含まれていたので、主婦たちの叫びを、わが事として受け止めたのである。その結果、民衆と兵士の交流が生まれ、革命へとなだれこむ感情を燃えあがらせていった。兵士が、こうして王朝打倒に転向した時に、事態が決定的に変った。

続く一〇日には、早朝から群衆が街頭にあふれ出て、ストライキ参加者が前日を一〇万人上回る三〇万人に達し、それまで傍観していた中小企業の労働者もデモに加わって、住民総数二〇〇万人のペトログラードの全市がゼネストに突入した。新聞も発行されず、市電も完全にストップし、電話線も切断され、学校も閉鎖された。そうした時に、街頭で労働者が将校に射殺される事件が起こったのだ。

こうなると、力と力の対決になってゆくものである。群衆も、それを鎮圧する警察部隊も殺気だってゆき、今度は警視が群衆に殺される事件が起こると、メインストリートのネフスキー大通りで、近衛連隊がデモ隊に銃火をひらく発砲事件が起こったのだ。それを知って、デモ隊に同情する兵士と、デモ隊を鎮圧する警官が激しく対立しはじめたのである。政府側の分裂は、明白であった。ところが前線の大本営にいた皇帝ニコライ二世は、「明日までに秩序壊乱分子を鎮圧すべし」との命令を、首都の治安を担当するハバーロフ将軍に下したのである。最悪の事態であった。

一〇日深夜になっても、通りには、パンを求めて歩き続ける人たちがいるというのに、アレクサンドル劇場は、レールモントフ作の『仮装舞踏会』の初日にあたり、これほどのデモ隊の叫び声も耳に入らない無頓着な金持ブルジョワジーの紳士・淑女が、にぎやかに観劇していたのである。この国の状態を象徴する、まことに不思議な光景であった。

革命勃発から三日後の三月一一日の日曜日には、今日こそデモを鎮圧しようと守備隊が〝発砲〟の準備をして早朝から構えていた。ところが、なぜかほとんど人が出てこないのだ。昼近くなって突如、一万人のデモ隊が行進をはじめると、市内中心部のネフスキー大通りに達したところで、このデモに警官隊が発砲しはじめて、雪の上で狙い撃ちにされた市民に多数の死傷者が出た。しかし、なにひとつ武器を持たないデモ隊は、発砲にもひるまず前進を続け、なだれこんだ群衆が兵士を取り囲むと、兵士たちは銃口を空に向けて発砲するようになった。兵士たちは、警察官と正反対に、すでに完全に市民の味方であった！

　この兵士たちが規律違反で逮捕されると、将校たちが兵士に代って、民衆に機関銃を乱射したのである。こうなると、兵士たちは「民衆を殺すな！」と叫んで、次々と「将校を殺す」決意を固めるようになっていった。「兵士」と「警官・憲兵・将校」間の憎悪と対立はますます激しくなり、民衆側についた兵士の反乱が起こったのである。兵営内で、兵士によって将校たちが逮捕されはじめたのだ。

　翌日一二日には、労働者が兵器工場を襲撃して武器を手にすると、怒濤のように進撃しはじめ、至るところで蜂起がはじまった。一七八九年のフランス革命では、弾薬を求める群衆がバスティーユ監獄を襲ったが、ロシア革命では、労働者と兵士が監獄と警察の留置場を襲って、そこに捕らわれていた七六〇〇人もの革命家と労働者と、「革命軍を指揮できる兵士」を救出しはじめたのだ。

　さらに、蜂起した兵士たちが、ほかの連隊につめかけて蜂起への合流を求めたため、この日に、革命軍に寝返った兵士が激増して、六万七〇〇〇人近くに達し、その数は守備隊の二割を占めるまでになった。この反乱に決起した兵士たちは、革命側が敗れれば軍法会議にかけられ、死刑や流刑は免れなかったので、決意を固めたあとは完全な勝利を求めて民衆と共に街頭に出た。

一方、労働者たちも兵営内の武器庫から武器を取り出して武装し、この兵士たちと合流しはじめたので、革命勢力が一挙に二倍にふくれあがった。さらに、強力な装甲自動車部隊も革命側に寝返ったので、午後過ぎには、政府側の鎮圧軍の目論見は、次々と崩れていった。

この群衆が国会に向かった時に、この日の蜂起に劇的な幕切れが訪れた。すでにニコライ二世は国会を閉会するよう詔勅を出していたので、国会議長ミハイル・ロジャンコは、皇帝に対して、「急いで議会の召集を命じてください。明日では遅すぎるかも知れません」と伝えたが、すでに手遅れであった。国会の館内に「労働者ソヴィエト」のメンバーがどっと乗りこんできて、国会議員たちと同じ建物のなかにいたのだ。

のちにソ連の国名となるソヴィエトは、「評議会・議会」を意味するロシア語だったから、国会に侵入した労働者ソヴィエトとは「労働者議会」であり、彼らが自ら国会に代る組織だと名乗っていたのである。しかしこのソヴィエトは、「帝政の打倒」をスローガンに掲げてはいたが、実際には、幹部の執行委員会が、革命派のボリシェヴィキや革命に蜂起したストライキ参加労働者で構成されていなかった。執行委員会は、ブルジョワ民主主義体制を構築することを目的とするメンシェヴィキ集団であった。

つまりレーニンが敵とするグループであり、のちの十月革命後に誕生する共産主義組織のソヴィエトとは、まったく異なる性格の組織であった。この時点での幹部組織は「ともかく急いで革命権力の基盤となる組織をつくろう」と、急遽召集されたので、この二月革命で本当に先頭に立って活動した人材が、まだ街頭で活動中のため参加せず、執行委員会に入っていないという中途半端なものであった。

かくするうちに、労働者が国会に乱入して勝手に部屋を占拠しはじめるのを、国会議員は黙って見ているほかなかった。しかしこの日に、労働者と兵士の代表によるペトログラード・ソヴィエト労兵組織が成立し、これが革命指導機関となったのである。ここには、兵士が参加していたので、まぎれもなく「首都政治会議」を標榜する武装した革命組織が誕生し、権力機構として動き出したのである。

保守派の国会臨時委員会の反撃

しかしこの時の国会は、上流階級だけに選挙権が与えられてつくられた非民主的な立法機関だったので、このような革命団体であるソヴィエトを受け入れるつもりはなかった。

彼らは皇帝の解散命令に反して、この三月一二日に急いで〝国会臨時委員会〟を設立し、委員長に国会議長のロジャンコが就いて、ソヴィエトに対抗する作戦を立てはじめた。その臨時委員会に、ペトログラード・ソヴィエト執行委員を代表してエスエル党のアレクサンドル・ケレンスキーたちが派遣されたが、国会臨時委員会の最大の狙いは、民衆を武装解除させて、権力を奪還することにあった。

こうして二月革命後のロシアには、ペトログラード・ソヴィエト労兵組織と、国会臨時委員会という、いずれも未確定の権力機構である実体のないグループが、二重の幻想的存在として誕生したのである。加えてソヴィエト内部の構成は、民主主義を基盤として自由社会を求めるメンシェヴィキらが多数を占め、先に述べたように彼らの思想は左から右まで幅広い考えを含んでいて、革命成功後に「政治体制をどうするか」についての統一した見解はまったく存在しなかった。つまり彼らは、二月革命の中から偶発的に誕生した、ある種の雑多な集合体であった。この時ペトログラード・ソヴィエトはとりあえず蜂起成功の成果として、この日の夕刻に食糧委員会を設置して、パンが市民にゆきわたるよう、食糧の不正ストックの摘発に乗り出した。

そして翌日三月一三日（ロシア暦二月二八日）の朝、公爵のニコライ・ゴリツィン首相が革命団によって逮捕され、さらに陸軍大臣、内務大臣、警視総監、守備隊長らの政府要人が一斉に逮捕され、次の日に彼らは冬宮の目の前にあるペテロパヴロフスク要塞の独房に投げこまれた。国会臨時委員長のロジャンコの妻は、この逮捕された首相ゴリツィン家の娘であった。

三月八日から一三日までの六日間（ロシア暦二月二三〜二八日）の激闘の末に、かくして〝二月革命〟が成ったのである！　そしてこの日のソヴィエト会議で、民衆を弾圧してきた従来の警察に代るものとして、労働者側が武装自警団として活動する「民衆警察」の組織化が決定された。革命主義者のボリシェヴィキは、治安維持のために創設されたこの民警を、さらなる革命のための武装軍隊にしようと考えていたが、ほかの幹部は、ツァーリ警察に代る秩序維持のための警察として考えていたので、ここには考え方に大きな食い違いがあって、のちに火種となった。

レーニン派のボリシェヴィキは、二月革命が成功した三月一三日に、歴史的な宣言を発表した。「労働者階級と革命的軍隊は、臨時革命政府を樹立すること。人民の権利と自由を守ること。皇室・地主・寺院領のすべての土地を没収して人民に譲渡すること。一日八時間労働制を実施すること。そして平等な選挙権に基づく普通選挙と直接選挙を実施して、憲法制定議会を召集すること」を求めたのである。

しかし長い間にわたって非合法活動を強いられてきたボリシェヴィキは、ペトログラード・ソヴィエトの執行委員の中では、わずか一六・七％しか占めていなかったので、彼らの影響力はまだきわめて小さく、この声はどこにも届かなかった。

しかもこの頃、腹黒い国会臨時委員会は、自分たちが武力を失った弱点を回復するため、革命主導者のなかで実権を持つ労働者ソヴィエトの軍事委員会に対して、「首都の秩序の回復が第一である」と告げて、兵士は一旦兵営に戻って軍規に従うよう、つまり政府に忠実な軍隊となるよう、策謀を開始したのだ。命懸けで蜂起したソヴィエト兵士の幹部たちは、「軍規に従え」という言葉を聞いて激怒し、三月一四日に「命令第一号」を全兵士向けのアピールとして出した。

その内容を要約すれば、「各部隊は革命組織ソヴィエトに代表者を出すこと。すべての政治行動は労働者と兵士のソヴィエト（労兵ソヴィエト）に従うこと。国会臨時委員会の命令はソヴィエトの決定に反しない場合にのみ有効となる（国会臨時委員会の命令に従う必要はない）。いかなる場合でも、将校に武器を引き渡してはならない。農奴制以来の軍隊の階級差別を撤廃する」――このように、軍隊の民主化の宣言が、翌三月一五日のソヴイエトの機関紙で広く伝えられた。これに対して将校たちは、大集会を開いて、なおも「戦争を完遂するために、軍隊の規律の回復が必要である」と叫んだ。戦場の前線では第一次世界大戦が続いていたのである。

ロマノフ王朝が消滅し、立憲民主党(カデット)が実権を握る

その日、三月一五日(ロシア歴三月二日)には、皇帝ニコライ二世が周囲から退位を迫られて、ついに「皇帝の座を退き、最高権力を放棄する」と国民に語って退位し、ロマノフ王朝が消滅したのである。一五四七年のリューリック王朝のイワン雷帝から数えて三七〇年後、一六一三年の初代ロマノフ王朝の皇帝ミハイルから数えて三〇四年後に、ツァーリの支配する帝政ロシアが消滅したのだ!

この革命による犠牲者には諸説あるが、『ロシア革命』(中公新書)によれば革命側の死傷者が合計一三八二人で、内訳は兵士が八六九人(死者七〇人)、労働者が二三七人(死者二二人)、市民が二七六人(死者八五人)を数えた。これに対して警察官と憲兵の死者は一一人、負傷者は五〇人であったから、革命側のほうが圧倒的に大きな血の犠牲を払った蜂起であった。

しかしこの三月一五日の夜、皇帝退位と同時に、国会臨時委員会の策動によってロシア臨時政府が成立し、貴族支配を続けようとゲオルギー・リヴォフ公爵を首班とし、外務大臣にツァーリズム批判者の立憲民主党（カデット）党首パヴェル・ミリュコフ、陸軍大臣兼海軍大臣にはモスクワ割引銀行重役で、皇帝に退位するよう説得したアレクサンドル・グチコフ、法務大臣にはソヴィエトから送りこまれた唯一の社会主義者でエスエル党のケレンスキーが就任した。

その閣僚メンバーを見たブルジョワジーの商工業者がただちにこの臨時政府を支持し、反対するボリシェヴィキの意見はまったく無視され、さらにブルジョワ民主主義を確立することを目ざしていたソヴィエト執行部が、「行政はこの臨時政府に任せよう」と、臨時政府の成立に賛成してしまったのだ。この時、最重要の軍隊・鉄道・郵便・電信を握る労兵ソヴィエトが真の実力を持ちながら、臨時政府を単に監督するという地位に甘んじて、二重のロシア権力構造が生まれてしまったのだ。

この二月革命勃発という大事件のニュースを、スイスにいるレーニンが知ったのは、ロシア臨時政府が成立した三月一五日であった。革命が起こることをまったく想像もしていなかったレーニンにとって、青天の霹靂《へきれき》とはこのことであった。しかし号外を読んでも、くわしい事情がつかめず、彼はまだ革命の成功を信ずることができず、ベルンに電報を打って、ボリシェヴィキ中央委員ジノヴィエフに大至急チューリッヒに来るよう命じた。それから二人は新聞社の前に張り出される新たな電文を読み次いでから、政権が立憲民主党に握られ、自由主義派のブルジョワジーに移行したことを確認した。

ツァーリズム打倒の革命が成功したことは間違いなく、労働者の議員によるソヴィエトも誕生したが、レーニンにとっては、一九〇五年の第一革命の時と同じパターンであり、加えて不倶戴天の敵カデットが実権を握っているではないか。

その新ロシア政府は、ロシアの敗戦を唱えるレーニンを帰国させたくなかった。そこで、外務大臣に就任した立憲民主党党首ミリュコフが、イギリス・フランスの連合国政府に、レーニンたち〝敗戦主義者〟の名簿を渡したので、一刻も早くロシアに帰国したかったレーニンは、連合国経由で帰国することができなかった。

ロスチャイルド財閥の資金で動かされるロシア経済

問題は、労兵ソヴィエトが保守派に譲歩した結果、すでに無力なはずのこの内閣が重要な財政を握ったため、ソヴィエトの活動資金が国庫から得られなくなったばかりか、この臨時政府が、イギリスとフランスによってロシア唯一の合法政府であると認められ、正式な外交関係を結ぶとの支持を得て、「戦争の継続」を決定したのである。

では、この革命は、一体何のためにおこなわれたのか？　戦争をやめるためではなかったのか！　外務大臣ミリュコフは、この日のジャーナリストとのインタビューに答えて、「オーストリア＝ハンガリー帝国に居住するスラブ民族を解放し、ウクライナ地域をロシアに併合する」という領土的野心を公然と表明し、「トルコのオスマン帝国のコンスタンティノープル（イスタンブール）とダーダネルス海峡の併合は、ロシアの重要な戦争目的である」と断言したのである。

というのも、九六〜九七頁の「ロマノフ家とロスチャイルド財閥の系図」を見れば一目瞭然、消滅したロマノフ王朝も、誕生した臨時政府も一体となって、ロスチャイルド財閥の手の中で動かされている帝政であった。臨時政府首相リヴォフ★①も、反政府主義者を絞首台に吊るした恐怖のストルイピン首相★②も、ラスプーチン暗殺者のユースーポフ王子★⑥も、リヴォフ内閣の軍事大臣グチコフ★③も、帝政最後のゴリツィン首相★④も、国会議長ロジャンコ★⑤も、みなロマノフ家〜ロスチャイルド家の近親者にすぎなかったからである。

そしてこの系図に登場するロシアのユダヤ人グンツブルグ男爵は、ロマノフ王朝時代の一九世紀、一八五一年にモスクワ〜ペテルブルク間に鉄道が開通した時、首都ペテルブルクの金融家として豊富な資金を投入してロシアの鉄道大事業を初めて成功させた一家であった。さらにこのグンツブルグ男爵の資金によって、モスクワからウラジオストックまで、ユーラシア大陸を横断する九二〇〇キロの長大なシベリア鉄道の建設に着工したのは一八九一年で、一九〇二年にはこのシベリア鉄道も開通され、ペテルブルクに設立されたグンツブルグ銀行が、ロシア全土の金融中枢として機能し、鉄道ばかりでなくウラル、アルタイ、シベリアにおよぶ金鉱開発の総本山となっていたのである。

ツァーリから男爵の称号をいただき、貴族に叙せられたユダヤ人グンツブルグは、〝ロシアのロスチャイルド〟と呼ばれ、実際にロスチャイルド家と何度も結ばれて閨閥を形成しながら、パリ・ロスチャイルド財閥の資金を自在に動かし、ウクライナの穀物を積み出す穀物商社ルイ=ドレフュス商会を支配してきた大物のユダヤ金融業者であった。

臨時政府がおこなった改革の正体

一方、こうして首都革命が成功する間に、三月一三日にはモスクワでも市民が決起し、

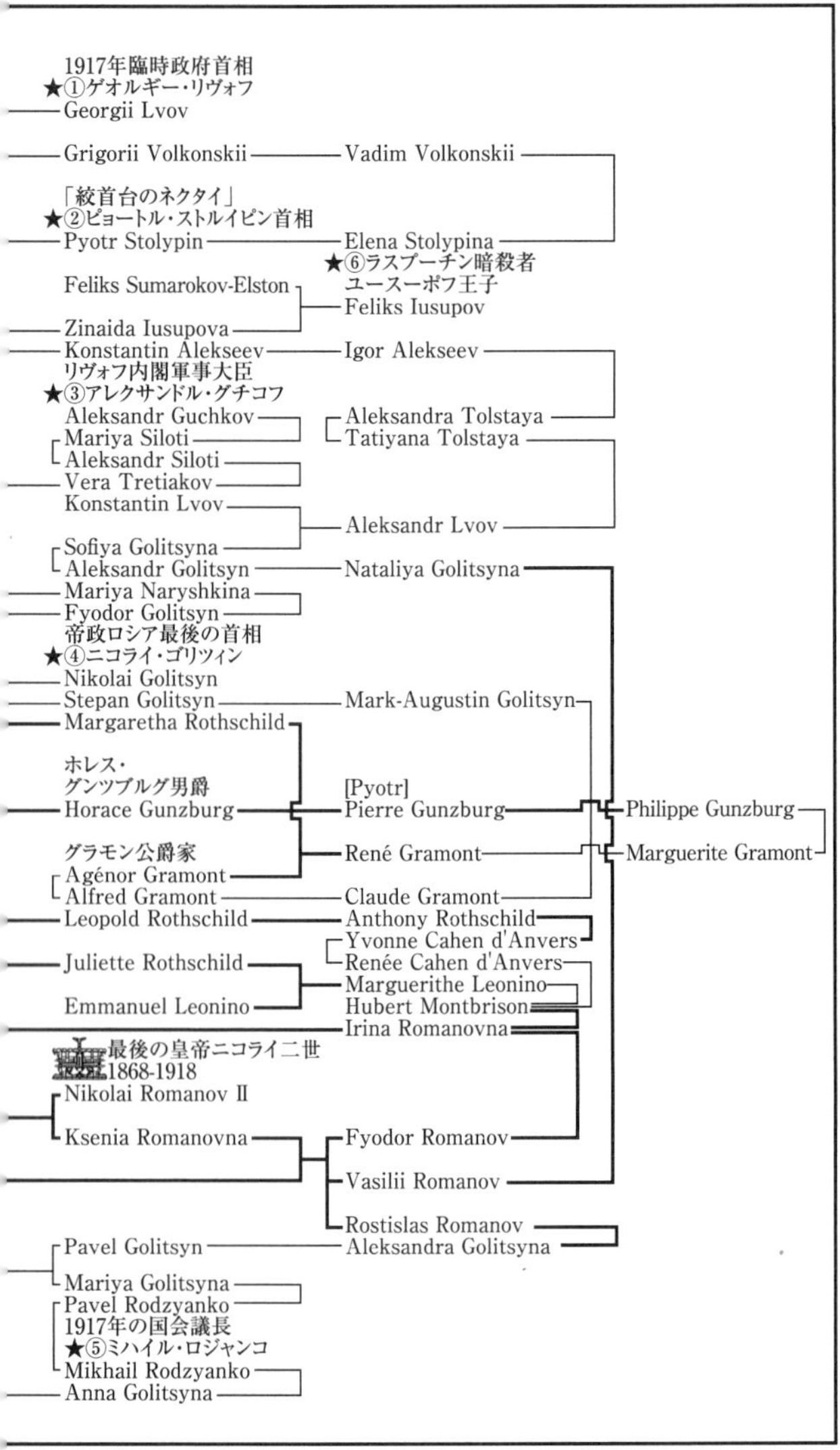

1917年臨時政府首相
★①ゲオルギー・リヴォフ
Georgii Lvov
Grigorii Volkonskii
Vadim Volkonskii
「絞首台のネクタイ」
★②ピョートル・ストルイピン首相
Pyotr Stolypin
Elena Stolypina
★⑥ラスプーチン暗殺者
ユースーポフ王子
Feliks Sumarokov-Elston
Feliks Iusupov
Zinaida Iusupova
Konstantin Alekseev
Igor Alekseev
リヴォフ内閣軍事大臣
★③アレクサンドル・グチコフ
Aleksandr Guchkov
Aleksandra Tolstaya
Mariya Siloti
Tatiyana Tolstaya
Aleksandr Siloti
Vera Tretiakov
Konstantin Lvov
Aleksandr Lvov
Sofiya Golitsyna
Aleksandr Golitsyn
Nataliya Golitsyna
Mariya Naryshkina
Fyodor Golitsyn
帝政ロシア最後の首相
★④ニコライ・ゴリツィン
Nikolai Golitsyn
Stepan Golitsyn
Mark-Augustin Golitsyn
Margaretha Rothschild
ホレス・
グンツブルグ男爵
[Pyotr]
Horace Gunzburg
Pierre Gunzburg
Philippe Gunzburg
グラモン公爵家
René Gramont
Marguerite Gramont
Agénor Gramont
Alfred Gramont
Claude Gramont
Leopold Rothschild
Anthony Rothschild
Yvonne Cahen d'Anvers
Juliette Rothschild
Renée Cahen d'Anvers
Marguerithe Leonino
Emmanuel Leonino
Hubert Montbrison
Irina Romanovna
最後の皇帝ニコライ二世
1868-1918
Nikolai Romanov II
Ksenia Romanovna
Fyodor Romanov
Vasilii Romanov
Rostislas Romanov
Pavel Golitsyn
Aleksandra Golitsyna
Mariya Golitsyna
Pavel Rodzyanko
1917年の国会議長
★⑤ミハイル・ロジャンコ
Mikhail Rodzyanko
Anna Golitsyna

系図2 ロマノフ家とロスチャイルド財閥

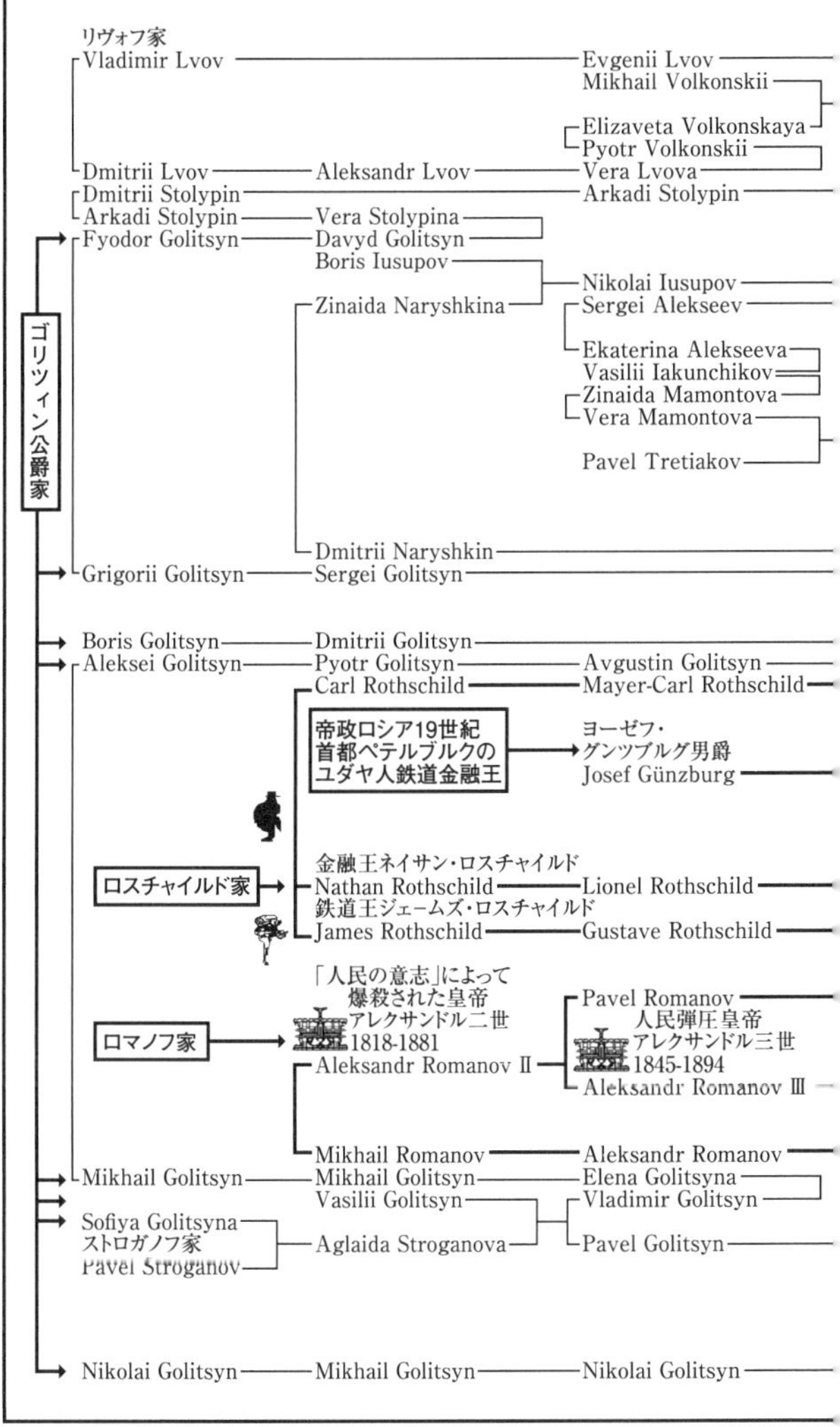

ゴリツィン公爵家
リヴォフ家
Vladimir Lvov
Evgenii Lvov
Mikhail Volkonskii
Elizaveta Volkonskaya
Pyotr Volkonskii
Dmitrii Lvov
Aleksandr Lvov
Vera Lvova
Dmitrii Stolypin
Arkadi Stolypin
Arkadi Stolypin
Vera Stolypina
Fyodor Golitsyn
Davyd Golitsyn
Boris Iusupov
Nikolai Iusupov
Zinaida Naryshkina
Sergei Alekseev
Ekaterina Alekseeva
Vasilii Iakunchikov
Zinaida Mamontova
Vera Mamontova
Pavel Tretiakov
Dmitrii Naryshkin
Grigorii Golitsyn
Sergei Golitsyn
Boris Golitsyn
Dmitrii Golitsyn
Aleksei Golitsyn
Pyotr Golitsyn
Avgustin Golitsyn
Carl Rothschild
Mayer-Carl Rothschild
帝政ロシア19世紀
首都ペテルブルクの
ユダヤ人鉄道金融王
ヨーゼフ・
グンツブルグ男爵
Josef Günzburg
ロスチャイルド家
金融王ネイサン・ロスチャイルド
Nathan Rothschild
Lionel Rothschild
鉄道王ジェームズ・ロスチャイルド
James Rothschild
Gustave Rothschild
ロマノフ家
「人民の意志」によって
爆殺された皇帝
アレクサンドル二世
1818-1881
Aleksandr Romanov Ⅱ
Pavel Romanov
人民弾圧皇帝
アレクサンドル三世
1845-1894
Aleksandr Romanov Ⅲ
Mikhail Romanov
Aleksandr Romanov
Mikhail Golitsyn
Mikhail Golitsyn
Elena Golitsyna
Vasilii Golitsyn
Vladimir Golitsyn
Sofiya Golitsyna
ストロガノフ家
Pavel Stroganov
Aglaida Stroganova
Pavel Golitsyn
Nikolai Golitsyn
Mikhail Golitsyn
Nikolai Golitsyn

兵士が武装反乱を起こして、翌一四日には革命側が市内の大半を制圧した。同日一四日に、バルチック艦隊の軍港クロンシュタットやほかの基地も、次々と革命軍の手に落ちた。しかし軍の将校たち幹部は、「革命成功」のニュースを前線の兵士に伝えないよう通信を遮断し、革命の成功を隠したため、前線の兵士たちはいまだに皇帝が存在するものと思っていた。現代のように、瞬時に全世界の出来事を誰もが知ることができる時代ではなかったのである。革命は、一朝一夕には成らなかったのだ。

しかし労兵ソヴィエトに監視された臨時政府は、その成立翌日の三月一六日に、早くも当面の施政方針を明らかにした。この宣言は、ツァーリ時代には考えられなかった画期的な内容を盛りこんでいた。

すなわち①テロル行為、軍事反乱、農民一揆などを含むすべての政治・宗教犯を即時釈放する。②言論、出版、組合結成、集会、ストライキの自由を含め、軍事技術的条件の許す範囲内で、軍に勤務する人間の政治的自由を拡大する。③階級、宗教、国籍の差別を全廃する。④普通選挙、投票権の平等性、秘密厳守の原則に基づいて、直接選挙を実施して、国の統治形態と制憲議会の召集を即時準備する。⑤警察に代る民警を設置する。民警の命令者は選挙によって選ばれ、地方自治機関に従属する。⑥地方自治機関は、普通選挙、投票権の平等性、秘密厳守の原則に基づく直接選挙の投票によって選挙される。⑦革命運動に参加した軍隊の武装解除および撤退はおこなわない。⑧軍勤務および現役中の兵士の軍規は厳正に維持されるが、その市民権行使にさいしては、一般市民と同等である。

前掲の『ロシア革命』（中公新書）に列記されている以上の施政方針には、国会議長ロジャンコ、首相リヴォフのほか、ミリュコフ、ケレンスキーなど八名の閣僚が署名し、ソヴィエトの機関紙「ペトログラード労兵代表ソヴィエト通報」に掲載され、広く市民に伝えられた。市民的自由が讃美され、制憲議会の召集が公然と政策目標に掲げられ、革命運動の正当性と、軍隊・軍人の自由が保証されていたのである。

同日夜七時、初閣議が開かれ、早速、②に基づいて、民衆を弾圧する組織だった内務省の直属機関、中央出版管理局が廃止され、局長は免職となった。また従来はロシア皇帝がフィンランド大公として君臨し、フィンランドの完全な自治を認めてこなかったので、③に基づいて、フィンランド法典編纂委員会を廃止し、またユダヤ人子弟の入学制限も撤廃して、さらに、身分制を強く反映していた文官の等級制も廃止したのである。臨時政府は、この宣言に基づき、具体策を次々と打ち出していった。「保守派の臨時政府は何も変えまい」と考えられていた絶望論を打ち砕いたのが、監督者として存在するペトログラード・

ソヴィエトだったのである。

　しかしそれでもこの政府の方針は、〝プロレタリア〟と呼ばれる「貧しい階層の労働者」による政治支配、すなわち共産主義者による革命達成を許さないために、巧みにブルジョワ支配への堅実な道を構築するためのものであった。よく読めば、「戦争をやめる」とはどこにも書かれていないではないか。この臨時政府は、ロシア自らが侵略国家であるにもかかわらず、戦争継続の理由を「侵略的国家とは断固として闘う」と述べて、ニコライ二世の帝政時代と変らぬ軍国至上主義を掲げていたのである。

　さらに三月一九日には、臨時政府が、「住民の食糧確保と、種子の需要を保証する任務は、農務大臣にある」と宣言して、市民にとって最大の問題だった食糧の指揮権を臨時政府が握ってしまったのだ。これで食糧の大口供給者である地主や富農、穀物投機業者、穀物商人たちは、食糧を隠し持ったまま、摘発されずに、放出しないですむとほくそえみ、一方、民衆が二月革命で「パンを！」と叫んで求めた切実な願いであるパンの配給量の増加という政策の実行が、宙に浮いてしまったのだ。

　すでにソヴィエト執行委員会は、国家が管理する穀物専売制を実施しなければ、食糧不足の問題は解決できないと臨時政府に要求していたので、四月七日には、臨時政府が穀物専売制を実施した。ところが、それによって利益を失う商工業者や、穀物を担保にして巨利を博していた銀行家と、地主たちが猛烈な反撃に出た。そこで臨時政府は仕方なく、すべての穀物価格を引き上げる政策によって彼らの不満をおさえようとし、前年の一九一六年秋に比べて穀物価格を平均六〇～七〇%引き上げたのである。地主や富農は、倉庫に隠し持っていた古い穀物を放出してぼろ儲けをはじめたのだ。それで穀物の供給量は満たされたが、しかし大幅な価格引き上げによって、今度は都市住民が苦しめられることになった。この政策に対する怒りが、次の十月革命の階級闘争が生まれる萌芽となったのである。

もう一つ、「秩序回復のため職場に戻れ」という要求を受けた労働者にとっては、一日八時間労働制の確立と、賃金の引上げと、労働条件の改善が、焦眉の急の課題であった。ボリシェヴィキは「八時間の労働、八時間の睡眠、八時間の自由」を主張した。だが資本家側は、前線の兵士が戦っているこのような非常時に、工場労働者が八時間労働だけで、あとは休んだり、賃上げストライキをしていてもよいのか、といった愛国精神を持ち出して宣伝をくりひろげ、労働者の要求をおさえつけた。

レーニンの反撃がはじまる

三月二五日に、〝鋼鉄の人〟スターリンと、のちのモスクワ・ソヴィエト議長レフ・カーメネフ（トロツキーの義弟）がシベリアからペトログラードに帰ってくると、翌二六日にボリシェヴィキ中央委員会が開かれ、会議冒頭に、スイスから発信された指導者レーニンの電報を読み上げた。そこに書かれていたのは「われわれの戦術」と題された以下の文言であった。「臨時政府を絶対に信頼せず、一切支持しない。とりわけケレンスキーを信じてはならない。われわれは唯一の信頼できるプロレタリアートを武装させなければならない。ほかの政党とは一切協定を結んではならない。ペトログラード市議会選挙の即時実行」とあった。

翌日三月二七日には、革命組織ペトログラード・ソヴィエトが、第一次世界大戦の講和に際していかなる領土も併合せず、戦争賠償もしないことを条件とする講和原則を提唱し、臨時政府に対して列強との平和交渉をおこなうよう求めた。

三月二八日には、ボリシェヴィキ中央委員会が、スターリンを幹部会員に選出し、五人で幹部会を構成して、〝プラウダ〟の編集員にスターリンとカーメネフも加わった。しかしこの時点でのボリシェヴィキ幹部は、ペトログラード・ソヴィエトと同様に、戦争が続いているあいだは、ロシア兵は戦場にとどまって戦うべきであると説き、いまだに「臨時政府に圧力をかけて、列強との平和交渉をおこなわせよう」という優柔不断な態度であったので、即時の戦争離脱を願っていた〝プラウダ〟の読者は驚いた。レーニンが考えていたような、臨時政府を倒す武装蜂起による革命思想には至っていなかったのだ。

その間、しばらくするとツァーリズム時代の都市警察官が市当局の予算で抱えられるようになって、革命で誕生した民衆警察の数を次第に上回るようになり、秩序維持のための武装した番人として復活してきた。これは、完全に保守的な帝政時代への回帰を示していた。

ボリシェヴィキはこうした変化に敏感に反応し、四月四日に、軍隊と同じ組織の「赤衛隊」を創設して、反動勢力に対する武装闘争をおこなう方針を打ち出した。ただし新たな軍事組織を急ぎすぎると、二月革命で決起した兵士や民警と、ボリシェヴィキ赤衛隊の対立が生まれるかも知れないという危惧があって、順調には進まなかった。

しかしペトログラードの主要工場の労働者代表は、全工場に赤衛隊を組織する必要があるとし、「民警が一般労働者であるのに対して、赤衛隊は社会主義政党が推薦した労働者だけで構成されるから、両者はまったく違う組織である」との判断を下し、「保守派の反革命部隊に対する武装闘争」だけを目標とした赤衛隊が工場に設置されることになった。そしてボリシェヴィキ側は、「赤衛隊は現在の労兵ソヴィエトに従属せず、自由な活動が保証される組織であって、両者は協力関係にある組織である」と定めて、ソヴィエトと一線を画した。ソヴィエト側には、ブルジョワジー集団がいたので、そうした独自の武装組織の創設に対して、猛烈な反対の声があがったが、工場には次々と赤衛隊が生まれ、ペトログラードと周辺では一万人規模となっていった。

レーニンがついに帰国した！

こうした時期の一九一七年四月六日に、アメリカがドイツに宣戦布告して、ついに地球規模の世界戦争がはじまったのである。戦線のロシア軍に、巨大な味方が現われたことになる。その三日後の四月九日に、レーニン夫妻が亡命先のスイスのチューリッヒからベルンへ行き、ロシアに帰国するため、敵国ドイツの封印列車に乗ったのだ。

のちにコミンテルン執行委員会議長となるユダヤ人グリゴリー・ジノヴィエフの夫妻のほか、ツィンマーヴァルト国際会議で孤立するレーニンを支持したポーランド系ユダヤ人ジャーナリスト、今はロシア人に扮した脱走兵カール・ラデックらのボリシェヴィキと、子供二人を含む一行三二人が、ドイツ国境に向かって出発した。

レーニンが後年まで「ドイツのスパイだった」と非難を受ける原因となったこのドイツの封印列車は、ロシア人の亡命革命家たちが敵国ドイツを通過してロシアに帰還した列車のことであった。これより先に、レーニンたちスイス亡命者が、スイス政府に対してロシア帰国の希望を働きかけても叶わなかったので、その要求を聞きつけたドイツ参謀本部が、ロシアの革命家が帰国すれば敵国ロシアが混乱して弱体化し、戦争に有利になると判断して、彼らの帰国を手助けすることにしたのである。一方、レーニンは帰国することが何よりも革命の成功に必要だと考えたため、両者の合意が成立した。

ドイツ参謀本部の次長エーリッヒ・ルーデンドルフ将軍は、のちにヒットラーとミュンヘン一揆を起こしてナチス時代を招来する男だが、帰国するロシア人に関して、この帰国計画の仲介者であるスイス社会党代表と次の三つの条件の協定を結ばせた。①戦争に関する見解の区別なく、すべてのスイス亡命者をロシアに移送する。②帰国ロシア人が乗車する車輌にはいかなる者も立ち入ることを禁ずる。旅客の旅券と荷物はいかなる検査も受けない。③帰国する者は、交換条件として、ロシアに抑留されている同じ数のオーストリア人・ドイツ人を釈放させるよう活動する義務がある。つまりドイツは、レーニンらの帰国者に完全な治外法権と自由を認め、敵国ロシアに〝人間爆弾〟を打ちこもうと仕組んだのである。

かくしてレーニン一行はスイス発の列車で一路ロシアに向かい、国境を越えてドイツに入ると、敵国ドイツが提供した列車に乗り換えた。彼らはドイツ領内を通過中に、「列車から離れず、ドイツ市民と接触しない」ことを条件として求められ、ドイツ人将校も同乗した。この車輛が〝封印列車〟と呼ばれた所以《ゆえん》は、そのような事情にあった。列車はベルリンに向かい、バルト海に出ると小さな蒸気船でスウェーデンに入り、首都ストックホルムでは市長に迎えられて、レーニンの歓迎晩餐会が開かれた。再び船に乗ってフィンランドに上陸し、そこから列車で最後の目的地ロシアに向かったのだ。

二月革命成功からほぼ一ヶ月後の四月一六日（ロシア暦四月三日）深夜に、レーニンの乗った列車がペトログラードの中心駅フィンランド駅に入ってくると、熱狂した数千の民衆に迎えられ、レーニンはそこに妹マリヤの姿を認めたが、愛する母はすでに前年にこの世を去っていた。レーニンにとっては一〇年ぶりに祖国ロシアに戻った劇的瞬間であった。

レーニンがプラットホームに姿を現わすと、楽隊がフランス革命の革命歌〝ラ・マルセイエーズ〟を景気よく吹奏した。この時レーニンは、迎え出た人たちに向かって、「社会主義革命万歳！」と叫んだのである。ペトログラード労兵ソヴィエトの代表が正式に出迎えたが、レーニンは彼らを信用していなかったのでほとんど無視し、群衆に向かって「ヨーロッパの帝国主義はまもなく崩れ去るだろう。諸君が成し遂げたロシア革命が新しい時代を開いた。社会主義革命万歳！」と演説をぶった。彼は宿舎のクシェシンスカヤ邸に装甲車で案内されるまで、車上から熱狂する群衆に向かって演説し続けた。ロシアのプリマ・バレリーナだったマティルダ・クシェシンスカヤは、ニコライ二世の愛人だったので、空き家になっていた彼女の屋敷が接収されてボリシェヴィキ党の司令部となっていたからである。

装甲車の上から叫んだ「社会主義革命万歳！」というこの言葉は、ロシアでは聞きなれない文句だったので、それを耳にした多くの人が、「レーニンは頭がおかしくなった」という反応を示し、レーニンは孤立していたように見えた。しかしこの日から、戦争に対するロシア軍の士気を低下させ、真の革命を達成するボリシェヴィキの活動が、火蓋を切ったのである。封印列車でドイツ経由で帰国する亡命者が彼のあとに続き、総数二〇〇人以上がロシアに帰国した。

レーニンの「四月テーゼ（綱領）」の衝撃

レーニンは、ロシアに帰国した翌日の四月一七日、早くもボリシェヴィキの集会と、労兵代表ソヴィエト全ロシア協議会の集会に臨んで、用意してきた「四月テーゼ（綱領）」を読み上げ、落雷のような演説をおこなった。それは、社会主義の仮面をかぶり、労働者を裏切っている者すべてに対しての激しい攻撃であり、「われわれは共産党と名乗るべきだ」と叫んだ。さらに四月二〇日には、機関紙〝プラウダ〟に個人の資格でその主張を発表した。彼はボリシェヴィキ幹部のカーメネフやスターリンが〝プラウダ〟紙上で臨時政府に加担し、革命を殺そうとしていることに激怒していたのだ。

この歴史に名を残す有名な四月テーゼで、彼は、臨時政府は人民が求めている「平和・自由・土地・パン」を与えられないほど無力で、単なるブルジョワジーの権力であると断罪し、ソヴィエトこそが労働者階級「プロレタリアート」の代表であるから、現在の臨時政府から政治的な支配力を奪って、ソヴィエトが全面的に権力を掌握しなければならない、と主張したのである。彼は言い放った。

「祖国防衛戦争が認められるのは、プロレタリアートと貧農階層が政権をとって、いかなる領土併合もおこなわず、利益を完全に放棄する場合だけである。つまり現在の臨時政府による戦争遂行は絶対に認められない。そして農業に関しては、私有地を没収して農民代表のソヴィエトに処理をまかせるべきであり、金融に関しては全国の銀行を国立銀行に統一して労働者ソヴィエトの監督下に置かなければならない。国際的には、新しい社会主義者のインターナショナルを創設しなければならない」と。

こうして数々の具体的政策を示し、自分たちボリシェヴィキが少数であることを認めて、正しい道にあるなら孤立してもよい、と主張し、だからこそ大衆に対する啓蒙運動がいかに重要な鍵を握っているかを力説した。

思い返せば、一九〇五年にペテルブルクでプティロフ工場の大規模ストライキと、直後の〝血の日曜日事件〟が起こった時に、この事件を革命の第一段階と見たレーニンは、このあとに自分たちが起こすべき革命は、「労働者と農民が組んで、革命的で民主主義的な独裁を遂行する」ことでなければならないと考えた。これがのちに「労農同盟論」として、十月革命の基礎となる思想であった。一九一四年に第一次世界大戦が勃発後のレーニンは、この戦争を「帝国主義と帝国主義が闘っている戦争」であると断定し、いずれも帝国主義国である交戦国を、一切支持するべきではない、と表明し、ツィンマーヴァルト会議では、右派と訣別することを求め、「革命的祖国敗北主義」を主張したのは、そのためであった。

それ以後のボリシェヴィキのスローガンは、「帝国主義戦争を内乱へ転化せよ」となった。

さらに一九一六年には、チューリッヒで、第一次世界大戦の経済的事情を分析して『帝国主義論』を出版し、この頃からのレーニンは、高度な思想家として、資本主義者によっておこなわれている独占形態をくわしく追究した。そして、列強諸国がおこなっている植民地の奪い合いを明らかにして、亡命先から祖国ロシアに向けて発信を続け、ペトログラードのボリシェヴィキに自分の解析内容を伝え、社会主義革命が準備段階にあることを予言した。かくして一九一七年にロシア二月革命が勃発すると、レーニンがペトログラードに帰還して「四月テーゼ」を公表したのである。

ここに書かれたレーニンの激烈な批判は、しかし二月革命を成功させたあらゆるグループに対して向けられていたので、ペトログラードの新聞は申し合わせたように、レーニンに対する中傷と憎悪を煽る反撃を一斉に開始した。ボリシェヴィキ司令部前には、「レーニンを牢獄にたたきこめ！」と叫ぶデモがくりだされ、ついには陸軍の将兵が集会を開いてレーニン逮捕に踏み切る寸前まで事態が進んだが、ソヴィエト執行委員会がそれを制止した。

さらに、戦争を遂行しようとする陣営は、戦場で手足をもがれたり、失明した大量の傷《しょう》痍《い》軍人を駆り集めてネフスキー大通りをデモ行進させ、この戦争で最大の犠牲をこうむった被害者に「ドイツ軍国主義の完全撃破！」、「レーニンを倒せ！」と叫ばせ、戦争遂行を鼓舞した。それは、ロシアはじまって以来の実に奇怪なデモの光景であった。

では、四面楚歌のレーニンが、その後のロシアでどのように革命を成功に導いたのであろうか。その経過を見てゆこう。

第三章　十月革命とソヴィエト連邦誕生への道

戦争の継続を拒否したロシアの民衆

レーニンは、〝プラウダ〟紙上でレーニンに反撃したカーメネフをすぐに編集部から追放すると、ボリシェヴィキを支持する圧倒的なペトログラードの労働者から信望を得て、一歩も引かなかった。一九一七年五月一日（ロシア暦四月一八日）の国際メーデーの日には、完全武装した赤衛隊が堂々とデモンストレーションをおこない、ペトログラードの労働者と守備隊が「無併合、無賠償の講和（戦争終結）を！」、「全権力をソヴィエトへ！」とスローガンを叫んで、労働者の祭典を祝った。この赤衛隊の存在が、来るべき次の本格的革命への重大なシグナルであった。

ところが同じ五月一日に、ロシア臨時政府の外相ミリュコフが連合国に「最後の勝利まで戦争を継続する」との覚書を送り、民衆の戦争停止要求に対するあからさまな挑戦をはじめたのである。翌五月二日は、新聞の休刊日だったが、明けて三日、戦争継続の覚書を知った民衆がこのミリュコフ通牒に対する抗議に決起して、憤激デモに出た。これに対して臨時政府側は、すでにブルジョワジー集団による戦意高揚デモを組織してネフスキー大通りと官庁街を占拠して「レーニンを倒せ！」と叫ばせていた。

しかし国民がミリュコフの覚書を知ると、「臨時政府は戦争を早く終らせる」と思いこんでいた国民の怒りに大きな火がつき、日がたつにつれて次第に大衆デモのほうが圧倒的に強くなってゆき、連日、バルチック艦隊の水兵やモスクワの機関銃連隊の兵士たちがミリュコフの即時退陣を要求し、宮殿前にすわりこんで動かなくなった。兵士の一隊が閣僚を逮捕するための行進をするなど、一挙に不穏な情勢になった。

日々刻々と、国民の大半が戦争を憎んでいる、というレーニンの主張の正しさが証明され、五月七日に、ボリシェヴィキとしては初めてロシア領内での合法的な全国党大会を開催した。それはレーニンにとって、公式のボリシェヴィキ会議でレーニン思想を党員に承認させる重要な儀式であった。すべての議案がレーニン側の絶対多数によって可決され、社会主義革命の路線が承認されたのである。

トロツキーの帰国

するとそのペトログラードに、トロツキーが現われたのである。一九〇二年に初めてレーニンと会って以来の彼の行動を再録すると、一時メンシェヴィキに入った彼は、すぐにそこから離脱してロシアで地下活動を展開して逮捕され、シベリアへの終身流刑を宣告されて脱走した。やがてオーストリアに亡命してウィーンで〝プラウダ〟を発刊して革命論を主張していたが、一九一二年にレーニンが資金を打ち切ったため〝プラウダ〟が廃刊にされ、レーニンと激しく対立した。

一九一四年に第一次世界大戦が勃発すると、トロツキーはスイスからフランスに移って、一九一五年のツィンマーヴァルト会議に参加し、レーニンの「革命的祖国敗北主義」を耳にしながら、自国の戦争を支持するドイツ社会民主党やフランス社会党に対して批判を展開した。だがそうした主張が問題となって、翌一九一六年九月にトロツキーはフランスから追放され、スペインに移ったが、一一月にはスペインからも追放されてアメリカのニューヨークに移った。同地で、のちにソ連の共産党機関紙〝プラウダ〟の編集長となるニコライ・ブハーリンらと共にロシア語の新聞を発刊し、「ロシアの臨時政府を打倒せよ」と主張するばかりか、ウィルソン大統領の政府を転覆させようとアメリカ人労働者をけしかけていた時に、二月革命の勃発を知って、すぐに帰国の途についたのである。

しかし彼はすでに〝革命家〟として尾行されていたので、汽船に乗って、大英帝国の自治領カナダで給油に立ち寄った時、イギリスの諜報機関からの通報によってイギリスの官憲に下船を命じられ、強制収容所に投げこまれてしまったのである。四週間にわたるこの投獄は、ロシアにも報じられ、ロシアの社会主義者のあいだに激しい抗議の声が巻き起こって、国際的な問題となった。すると、戦場でロシア側にあるイギリス大使が「トロツキーは敵国ドイツの政府から金をもらった者である」と根拠のない弁解をしたため、ボリシェヴィキの〝プラウダ〟が「トロツキーがドイツのスパイであるという証拠を示せ」と迫るなか、臨時政府のミリュコフ外相が「トロツキーをできるだけ長く拘留しておいてほしい」とイギリス政府に求めたため、一層騒ぎが大きくなった。ロシアの革命家たちが、「トロツキーを釈放しないと、ロシアにいるイギリス人を襲撃するぞ」と脅すまでになった。

こうしてロシア国民の怒りを買ったミリュコフ外相が五月中旬に辞任に追いこまれ、臨時政府が崩壊しはじめた。かくてミリュコフ辞任後にトロツキーが釈放され、五月一八日にペトログラードに帰国したのである。こうしてこのあと、彼が十月革命の主役を演じることになったのだ。

帰国したばかりのトロツキーは、外国を転々としていた自分の立場が弱いことに気づいて、レーニン派と、反レーニン派の調停役になる道を選ぶと、あらゆるミーティングに出ては大声で演説した。その彼が、帰国した翌日の夜、ペトログラード・ソヴィエト総会で演説し、「臨時政府に入るな。労兵ソヴィエトに全権力を引き渡させなければならない」と主張して、驚いたことにレーニンの主張に近い言葉を連発しはじめ、初めてレーニンと考えが一致する態度を示した。

かつての好敵手トロツキーが派手に動くのをみて、レーニンは、筆の立つトロツキーを敵にまわさず懐柔しようと近づき、〝プラウダ〟の主筆の席を提供すると提案したので、トロツキーは喜んで申し出を受け入れ、七月にはボリシェヴィキに入党したのである。こうしてレーニンとトロツキーが固く手を結んだのであった。

戦争継続論をとる社会主義者の連立内閣が生まれた

五月一八日には、追いつめられたリヴォフ首相が総辞職を考え、ソヴィエトに政権の全面担当を要請したが断られたため、連立改造内閣が発足した。立憲民主党（カデット）は首相を含めて五人となり、ミリュコフ外相はすでに責任をとって辞任していたが、陸海軍大臣グチコフも連帯責任で辞任し、代ってエスエル党のケレンスキーが陸海軍大臣となって軍隊を握ったのである。メンシェヴィキも二人、さらに人民社会主義者も入閣して、六人の社会主義者が加わった連立内閣となった。

だが、軍隊を握ったケレンスキーはドイツに対する戦争の継続を主張し、新外相のミハイル・テレシチェンコは、戦争で莫大な財産を蓄えてきた大実業家だったので、ブルジョワ民主主義の路線は今までと同じで、代り映えのしない顔ぶれであった。それでも彼らは、国民の不満をおさえるために、新たに食糧大臣、労働大臣、公共福祉大臣のポストを新設しなければならなかった。ボリシェヴィキの内部では、スターリンやモロトフがこの政府を支持したため、レーニンと対立するようになった。

これに対して、民衆組織としてのソヴィエトは、それまで、それぞれの都市で独自の活動を展開してきたが、国内全体で統一行動をしなければならないとの声に応えて、六月一六日から七月七日までの長期間にわたって、初めてソヴィエト全ロシア大会を開催した。ケレンスキーが参加したその大会で、代議員の選挙がおこなわれ、議決権を持つ議席の六五％を、臨時政府に入閣しようとしているメンシェヴィキとエスエル党が占めたため、戦争継続論をとるその主体グループ、すなわちペトログラード・ソヴィエトの政策が実行されることは目に見えていた。ボリシェヴィキは、ほとんど影が見えなかった。

しかし新政府を支持するこの会場に、大きな禿げ頭の小さな男が登壇した。レーニンであった。彼が何もしない新政府を痛烈に批判し、「単独で政治を実行できる政党が存在しないだって？　わが党は政権を取る用意がある」と演説した時には、満場にレーニンを馬鹿にする哄笑がわきあがった。ところがレーニンが、「資本家は軍需品の供給によって五

○○％から八○○○％もの利益をあげているではないか！　政府はその数字を公表したまえ。皇帝を退位したニコライ・ロマノフはいまだに特別待遇を受けているのだ。めぼしい資本家を五○人から一○○人も逮捕したまえ！　彼らをニコライのように数週間でも捕らえておけば、彼らの口から悪事のすべてが明るみに出るだろう」と演説した時には、誰も笑わなかった。

この頃、新陸軍大臣ケレンスキーが、場当たり的な命令を次々に出したため、彼はペトログラード守備隊から激しい反感を買っていた。つまり不満兵士が武器をとって街頭に出てくるおそれがあった。レーニンたちは、現状の兵士では力不足だからそれを平穏なデモに変えさせる必要を感じて、「ペトログラード革命プロレタリアート平和示威運動」をおこなうことを決定した。するとソヴィエト大会が、対抗して〝反政府主義者による大道のデモ〟を禁止するという声明を発表したのである。さらに、ボリシェヴィキを武装解除しなければならないという声まであがってきた。

政権の維持を目論むソヴィエト指導部は、レーニン側のデモをつぶすため大規模な官製デモを催すことを決定し、プラカードに掲げるスローガンを「政府支持」一色に制限した。そこでボリシェヴィキは、あべこべに「反政府・反資本家」の激烈なスローガンを用いてデモに参加するよう大衆に呼びかけた。

臨時政府「打倒」の武装蜂起がはじまる

七月一日におこなわれたペトログラード・デモの結果はレーニンの圧勝であった。五〇万人の大衆のうち、ほとんどの参加者がボリシェヴィキのスローガンを掲げて、帝国主義者の戦争による殺戮に反対の声をあげたのである。

ところがその日、七月一日に、ロシア軍がウクライナ南西部のガリツィア戦線で夏季の大攻勢を開始し、国民の戦意をあおろうとしたのだ。このような軍事作戦に対して、ついに第一機関銃連隊が実力行使で臨時政府を倒すことを決定し、ボリシェヴィキの協議会にやってきてその旨を伝えたので、驚いたボリシェヴィキ中央委員会が、「まだ武装蜂起の時機ではない」と制止した。だが兵士たちは工場の労働者に共同行動を呼びかけ、バルチック艦隊の軍港クロンシュタットの水兵にも参加を求めた。武装蜂起の動きはみるみる広がっていった。

七月一六日から、首都ペトログラードで労働者およそ五〇万人が「全権力をソヴィエトへ！」の示威運動を起こした。クロンシュタットの屈強な水兵たちも武器をとって、二万の水兵、労働者、兵器、軍楽隊を積んだ船団がペトログラードの波止場に現われた。レーニンによる制止の呼びかけにも応じない彼らは、資本家の大臣や、ブルジョワに妥協するソヴィエト幹部を罵倒しながら、臨時政府とペトログラード・ソヴィエトの本部が置かれているタヴリーダ宮殿に乗りこんで、エスエル党創設者である農務大臣ヴィクトル・チェルノフをつかまえて自動車におしこみ、人質にしてしまった。

この七月についにボリシェヴィキに入党したトロツキーがかけつけてチェルノフを助け出し、レーニンも宮殿にやってきて、「いま政権をとることは不可能だ。戦場の連中がやってきて、ペトログラードの労働者を皆殺しにするだろう」と警告した。この〝七月事件〟は、レーニンが警告した通り、政府軍がデモ隊に対して発砲し、これを完全に鎮圧してしまったのである。

レーニン再び国外に逃亡

それればかりではなかった。臨時政府にとっては、革命の芽をつみとっておかなければならないので、かねてからケレンスキーは、レーニンをいかにして逮捕するかを具体的に検討させていたが、ストックホルムにあるドイツの諜報機関からレーニンが金を受け取っていたという「レーニンの叛逆罪を実証する記録」なるものを仕立て上げることに成功した。そして七月一八日に、政府筋の赤新聞に「レーニン、ドイツ大本営のスパイ」というセンセーショナルな記事を三段抜きで掲載させたのである。

これを知ったレーニンは急いで隠れ家に逃げこんだが、ボリシェヴィキ本部のクシェシンスカヤ邸は警察の厳重な家宅捜索を受け、書類を押収された。陸軍大臣ケレンスキーは、翌一九日に前線からペトログラードに戻ってくると、イギリス大使から「反政府デモ煽動者を逮捕して武器をとりあげ、戦時検閲を実施して新聞を取り締まること」などを強く要求された。ただちにケレンスキーは閣議を開き、「騒擾《そうじょう》の首謀者をすべて逮捕して裁判にかけ、デモに参加した連隊を解散する」ことを決定し、トロツキーらのボリシェヴィキ主要幹部が逮捕された。翌二〇日には、レーニンは自分に逮捕令状が出されていることを知り、スターリンたちも集まって隠れ家で相談した結果、もはやレーニンを国外に逃がすほかない、という結論に達した。

すぐにフィンランド国境に近いセストロレックの郊外に隠れてもらい、危なくなったらすぐに国境を越えることにし、スターリンがレーニンを逃がす手筈を整えてから、七月二四日深夜に、ひげをそっくり剃り落としたレーニンが、職工の帽子をかぶって隠れ家を出た。同じように逮捕状が出ているジノヴィエフたちも途中から加わり、深夜二時の列車に乗って、ペトログラード北西の郊外にあるラズリフ湖畔の小さな家の屋根裏に潜んで、新たな亡命生活に向かったのである。

その間、七月二一日に、リヴォフ首相に代って、ケレンスキーが首相の座につき、形式的には左翼の勤労者を代表するケレンスキーが権力を握ったのも束の間のことであった。ウクライナ南西部のガリツィア戦線で大攻勢を展開していたロシア軍に対して、七月一九日からドイツ軍が激しい反攻を開始したため、七月二八日には、ロシア軍が敗退して、ロシア政府の権威が完全に地に堕ちた。

コルニロフ将軍のクーデター失敗事件

七月三一日には、軍部を建て直すため、ラーヴル・コルニロフ将軍が最高総司令官に就任した。この男は二月革命でニコライ二世一家を逮捕した人物だったが、ロシア軍の英雄であり、のちにレーニンたちの革命軍と戦闘を展開する白軍のリーダーとなる運命にあった。八月六日には、内閣の改造がおこなわれ、ケレンスキー首相が陸海軍大臣を兼務して軍隊を握ってはいたが、ブルジョワ陣営なので、カデットの閣僚の数はリヴォフ連立内閣と同じであり、どちらの陣営からも評判の悪いケレンスキーは、飾り物にすぎなかった。

ボリシェヴィキ狩りをおこなうだけの政府に対する怒りから、ペトログラードの工場では労働者が、そして兵営では兵士たちが、ますます反政府感情を燃え立たせ、かえってボリシェヴィキ入党者が急増する有り様であった。

八月八～一六日には、ボリシェヴィキが反撃の態勢を整えるための党大会を開き、トロツキー派も迎え入れて、レーニンがいないあいだに中央委員会を二倍以上の大人数で編成し直し、ついに「武装蜂起を準備する決定」を採択した。

それとも知らぬレーニンとジノヴィエフは、潜伏先で一ヶ月近くすばらしい田園生活をすごしたが、いつまでも秘密の小屋に潜んでいることはできないので、レーニンはフィンランドの首都ヘルシンキに移り、ジノヴィエフはペトログラードで再び潜入活動を開始することにして、再会を約して別れた。

レーニンはフィンランド人のボディーガードに守られ、ヘルシンキの機関士が運転する蒸気機関車で、罐焚《かまた》き助手に扮して石炭をくべる真似をしながら、気づかれることなく国境を越えてフィンランドに入った。深夜にヘルシンキに入ると、市の警察署長に迎えられたが、彼は教養のあるもと画家で、労働者義勇軍の指揮官となって、警察署長になったという筋金入りの同志であった。彼の自宅にはマルクス関係の文献がそろっていたので、レーニンはしごく満足であった。こうしてレーニン最後の労作『国家と革命』が警察署長宅で完成することになった。

九月五〜一二日には、スウェーデンのストックホルムで国際社会主義者会議が開催され、大衆ストライキによって戦争を終結することを決議した。

ところが前線の総司令官コルニロフ将軍が、こうした革命の動きを鎮圧しようと極秘の陰謀をめぐらせたのだ。北部戦線バルト海の要衝ラトビアのリガからわざと大砲を撤去してロシア軍を無防備にし、ドイツ軍にリガを占領させると、それを口実に軍隊の大移動を指令し、九月七日に暴動を起こした。「死滅しつつあるロシアの大地を守る」ことを全ロシア国民に呼びかけ、皇室部隊を率いてペトログラードに向けて進軍しはじめたのである。

彼は臨時政府に入りこんでいるソヴィエトを打ち倒さなければ、ロシアが戦争を遂行することはできないと考えて反革命クーデターを起こしたのである。

ケレンスキーも、ボリシェヴィキに近い革命一派を粛清したいと望んでいたので、最初はコルニロフを支持し、軍が首都に入れるようにした。

ところが、この軍勢がペトログラードに近づくと、コロニコフは臨時政府の全権を自分に与えるよう通告してきたので、ケレンスキーはこのクーデターで自分も逮捕されることに気づき、鉄道労働者にストを指令してコルニロフ軍の鉄道輸送を阻止させた。最初はまったく手薄だったペトログラード防衛軍も、ボリシェヴィキやソヴィエトの活動家が急ぎ赤衛隊を創設して、コルニロフ軍を迎え撃つ準備を整えていった。やがて集められた兵士は膨大な数に達し、武器も豊富で、かなりの軍隊を組織して将軍を迎撃したのである。

これに対してコルニロフ指揮下の部隊は、将軍が流した「ボリシェヴィキが蜂起した」という話がデマだったことを知らされると、デマに惑わされたことを恥じて戦意を失い、ボリシェヴィキ指揮下の部隊に敗北してしまい、バラバラに崩れて前線に復帰していった。九月一四日にはコルニロフも逮捕されて軟禁状態に置かれ、反革命クーデターが完全に失敗したのである。しかしのちにコルニロフは逃亡して、また反旗を翻すことになる。

ボリシェヴィキ支持者が圧倒的な多数となる

このコルニロフ・クーデター事件は、ケレンスキー政府の勝利ではなく、その敵陣ボリシェヴィキがもたらした勝利であった。事件後、トロツキーらのボリシェヴィキ主要幹部が釈放され、その結果、「民衆代表によって構成されるソヴィエトという政治組織を、軍部が崩壊させようとしている」ことをロシア全土に知らしめた。そのため工場労働者を一挙にボリシェヴィキ陣営に結束させる成果をもたらし、エスエル党も左右に分裂して、左派がボリシェヴィキに接近してきたので、エスエル支配下の膨大な数の農民層もボリシェヴィキに与《くみ》しはじめた。

いちはやく、その空気を読み取ったカーメネフは、コルニロフが逮捕された九月一四日にボリシェヴィキ中央委員会の名で、ソヴィエトに対して決議案を出した。「コルニロフの軍部クーデターを支持したのは臨時政府代表の諸党派である。いまや革命プロレタリアートと農民層だけで、まともな政府をつくらなければならない。その政策は、国会の解散、立憲議会の即時招集、土地の没収、労働者による生産管理、重要産業の国有化、資本家に対する厳重な課税、即時の停戦交渉である」との内容であった。

ペトログラードでソヴィエトが招集されたのは深夜だったので三分の一しか議員が集まらなかったが、驚くべきことにカーメネフの決議案が可決されたのだ。危機感を抱いたソヴィエトが、創立以来初めてボリシェヴィキの政策を掲げたのである。同様に、モスクワのソヴィエトでもボリシェヴィキの決議案を採択した。つまり、メンシェヴィキもエスエル党も、「コルニロフを支持したブルジョワジー・カデットがいる限り政府には加わらない」と決定したのだ。

これは、一大事件であった。ペトログラード・ソヴィエトで議長に選出されたトロツキーが、一〇月八日から正式に議長に就き、軍事革命委員会を統率しはじめた。

レーニンが変装して帰国する

レーニンは、フィンランドにあって、まだ正確に事態を理解していなかったので、初めは「ソヴィエトに全権力を握らせて、ボリシェヴィキは入閣せずに政府を次第にボリシェヴィキ化する」というのんびりした戦略を思い描いていたが、やがてボディーガードのフィンランド人が持ってきたボリシェヴィキ中央委員会の内部資料を見ると、ボリシェヴィキの党員数が二月の二万三〇〇〇人から四月の一〇万人、そして一〇月初めには三五万人へと激増しているではないか。

「ペトログラードとモスクワの二大都市でボリシェヴィキが労兵ソヴィエトの多数を占めた」という大異変が起こっていることに気づいたレーニンは、「事態がひっくり返される前に、明日にも武装蜂起しなければならない」と決断し、ボリシェヴィキ中央委員会に「わが党だけがペトログラードを救えるのだ。即時武装蜂起せよ。資本家からすべてのパ

変装したレーニン

レーニン

ンを取り上げ、彼らにはパンの皮だけを与えよ」といった内容の激烈な手紙を送った。ボリシェヴィキ中央委員会が九月二八日に会合を開いて、スターリンがレーニンの手紙を読み上げると、武装蜂起などまったく頭にない一同は、驚いて途方に暮れ、即時の武装蜂起に対して意見が分裂した。

中央委員会は「レーニンのペトログラード入り」は危険であるとして禁じていたが、当のレーニンはヘルシンキに釘付けになっていることに我慢ならなくなって、かくまってくれているフィンランド人に「出かける」と告げ、かつらと、眉毛染めと、身分証明書と、ロシア国境近くの住まいを頼んだ。それからのレーニンの行動は、きわめて迅速であった。

かつら屋で、白髪まじりのかつらを見つけて変装すると、ボディーガードを連れて国境の町ヴィボルグに移ったのだ。

そこで一〇月一〇日に、レーニンはボリシェヴィキ宛てに手紙を書き、「頼れる軍事力はフィンランドのロシア軍とバルチック艦隊だけである。現在の軍事力の実態をボリシェヴィキが把握することが、急務である。休暇で里帰りする兵士を煽動班に仕立てること。農村地帯はエスエル党に支配されているから、エスエル党と提携すること」などを急いで指示した。

レーニンが頭に描いた軍事的な作戦では、「革命は、まず最初にモスクワのソヴィエトが政府であると宣言して、銀行と兵営を押さえれば、流血の惨事を避けて武装蜂起が可能である。ケレンスキーがコサックの騎兵を集めても、そんな小部隊は、フィンランドのロシア軍とバルチック艦隊がペトログラードに進軍すれば、簡単に降伏するだろう。そのあいだにペトログラードのソヴィエトがモスクワ政府の支持を宣伝すればよい。スローガンは〝ソヴィエトに権力を、農民に土地を、人民に平和を、ひもじい者にパンを〟でよい」とした。

一〇月一六日には、すでにレーニンが勝手にロシアに向かっていることがボリシェヴィキに伝えられると、やむなく中央委員会が「レーニンをペトログラードに呼び戻す」と決定したのである。妻のクループスカヤも労働者に変装してフィンランドに入り、彼女がヴィボルグ郊外に用意した隠れ家に入ったレーニンは、変装のおかげで誰にも気づかれずに、ボリシェヴィキの会議に対する指示を書きまくった。「いかなる待機も死を意味する。諸君の会議にはバルチック艦隊とフィンランド駐留軍の代表が列席している。ペトログラードへの進軍を即座に決定して、コルニロフ一派の将軍連中とケレンスキーの軍隊を一掃できるのだ。武装蜂起をはじめろ」と檄《げき》を飛ばし続けた。

革命の成功にとって、大衆の感情が最も重要であることを知っていた彼は、形式的な幹部会議なるものを罵倒し続け、「ただちに工場と兵営に行って声を聞け。一一月二日に予定されているソヴィエト大会の決議などには何の意味もない。それを待っているうちに革命軍はケレンスキーの軍隊につぶされてしまうのだ。もしこの即時蜂起の計画を拒否するなら、私は辞任する」と、ボリシェヴィキ幹部を非難し、脅しつけた。

この間、臨時政府は、兵士と労働者の武装解除と、ペトログラード守備隊のボリシェヴィキ化阻止を進める必要に迫られたが、どの方法も失敗を重ねるばかりだったので、いっそ首都ペトログラードをドイツ軍に明け渡してボリシェヴィキ革命陣営を壊滅させ、首都をモスクワに移転することが計画された。この首都移転計画が一〇月一九日に新聞にスッパ抜かれると、民衆が激昂したことは言うまでもない。

また、レーニンらボリシェヴィキの電報を郵便電信局が検閲して検事に提出している事実が暴露され、言論の自由を守ると宣言した政府に対する信用が完全に失墜した。こうするうち、一〇月二〇日に、ついにレーニンがひそかにヴィボルグからペトログラードに帰還したのである。だが、その隠れ家は厳重に警備されて、ボリシェヴィキ中央委員会にも知らされなかった。

その間の兵士たちの動きをみると、四日前の一〇月一六日に、レーニンが全幅の信頼を寄せるバルチック艦隊が大会を開き、ケレンスキー一派の社会主義者を閣僚ポストから追放せよと要求したばかりか、兵器庫の武器を分配するよう海軍中央委員会に要求し、二日後に「われわれは革命の勝利を熱烈に信じている」というアピールを発表したのである。

一〇月二二日には、レーニンが信頼するもう一つのフィンランド駐留部隊の兵士が、臨時政府に対する不信任を決議し、「全権力をソヴィエトに引き渡し、交戦諸国の人民に対して即時講和の締結と、連合国間に結ばれた（サイクス・ピコ条約のような）秘密条約を公表することを表明せよ」と要求した。

一〇月二三日には、近衛連隊兵士が、「ケレンスキー政府がクロンシュタット水兵たちに中傷を浴びせているが、その根拠を示せ」と要求し、武装した革命本部をつくろうと決議した。一〇月二四日には、自動車部隊が、「ペトログラードから革命的守備隊を移駐させようとしているケレンスキー政府は革命鎮圧を狙っているのだ」と非難し、陸軍大臣の移駐命令には今後一切従わないことを決議した。

もはや革命の足音はロシア全土に響きわたり、刻々と目の前に迫っていた。

十月革命が起こった!

レーニン帰国の三日後、一〇月二三日夕刻、メンシェヴィキの闘士である夫を外出させたボリシェヴィキ同志のスハーノフ夫人が、自宅のアパートを会議場として提供し、ボリシェヴィキ中央委員会が開かれた。ジノヴィエフ、カーメネフ、トロツキー、スターリン、スヴェルドロフ、ジェルジンスキーら一一人のメンバーが集まっている席に、かつらとメガネで変装したレーニンが姿を見せた。ところがジノヴィエフが「武装蜂起には反対である。いまは守勢にとどまるべき時である」との意見を述べはじめたので、レーニンは一瞬驚いたが、やがて激烈な反論をおこなった。

「人民の多数は、われわれの味方でないというのか。ブルジョワジーのこめかみには、軍隊とソヴィエトというピストルがあてられているのだ。なぜそのピストルに弾丸をこめないのか。時はわれわれに味方している。大衆は絶望の果てまで追いこまれ、こらえ続けて、待ちあぐねているのだ。大衆が不毛なデモやストライキにあきあきして、すべてに片をつけることを待ち望んでいることは、誰もが認めている。大衆が戦闘意欲を欠いているというのは、間違っている。戦闘意欲を持っている」

レーニンは、これでもかこれでもかと演説を続け、あくことを知らなかった。ジノヴィエフとカーメネフはこうしたレーニンの言葉に弱々しく反論することしかできず、ほかの人間は口を出さなかった。深夜零時をすぎてもレーニンの弁舌は止まらず、口を閉じたのは午前三時であった。レーニンはテーブルの紙をとって、次の言葉を書いた。

――武装蜂起は避けられない状況にあり、その機が完全に熟していることをここに確認し、中央委員会は党組織のすべてに対して、以上の方針のもとに、あらゆる実行面の問題を検討し、決定することを勧告する――

この決議案が票決にかけられた。結果は、賛成一〇票、反対はジノヴィエフとカーメネフの二票だけであった。こうしてボリシェヴィキは、一〇月二四日早暁、正式に〝革命のための最後の武装蜂起〟の方針を決定し、戦い終えたレーニンは、かつらを直し、鼻メガネをかけて、外に出た。

翌日の一〇月二五日、労働者と兵士の強い要求によって、ペトログラード労兵ソヴィエトに「軍事革命委員会」が設置され、そのあと、ボリシェヴィキ・ペトログラード委員会が赤衛軍の強化に取り組みはじめたのである。そして労働者の武装組織として親衛部隊が創設され、それが労働者と兵士の自発的なカンパによって維持されていった。こうして生まれた合法的な軍事革命委員会が、赤衛軍と、革命を求める兵士と水兵の最高指導機関となり、同時にこれが蜂起を指令する組織となった。

加えて、軍事革命委員会は、ボリシェヴィキではなく、ソヴィエトに従属していたので、組織上は、あらゆる分派の革命を志望する労働者と兵士を蜂起に結集することができ、弾薬の持ち出しについても軍事革命委員会が指令を出すことになった。この時、委員の八割をすでにボリシェヴィキが占めるペトログラード・ソヴィエトで、一〇月八日から議長をつとめていたのが、ほかならぬトロツキーだったので、彼が握った権力は絶大なものであった。

しかし、レーニンの決議文では、最も重要な〝武装蜂起の日付〟が決められていなかった。

た。それは一体、いつなのだ?

そこで一〇月二九日にヴィボルグ地区でボリシェヴィキ中央委員会拡大会議が開かれ、レーニンの決議文の内容を再度議論することになった。そこにはレーニンとトロツキーをはじめ、ペトログラード執行委員会、軍事組織、ペトログラード・ソヴィエト、労働組合、工場委員会などのボリシェヴィキ党員代表二五人が集まった。そして各地区での武装蜂起の勢力分布がくわしく報告された。ペトログラード全市が蜂起する態勢にはなっていないようだったが、ボリシェヴィキ党員はロシア全土で四〇万人以上になって、五万人が首都に集中していることが報告された。トロツキーはこの会議で蜂起の命令を取り付けようと求め、党員が激増していることから、武装蜂起の方針が確認された。レーニンは、蜂起開始の「適切な時期」は中央委員会が指示するという決議を加えさせ、延々と続いた会議が翌三〇日早朝に解散した。

ここにスパイを送りこんでいた臨時政府は、朝にはこの情報をつかんで、急いで鎮圧策を立て、この日に、市警に拳銃五〇〇挺を与える命令を出した。ところが、この武器が革命側に渡ってしまい、市警が信用できないグループであることが判明する始末であった。さらにこの当時、ペトログラード守備隊は兵士一四万人を数えたが、この軍隊が連日のように集会を開いて、臨時政府打倒を要求していたのだから、政府側の軍隊がまったく当てにならないという噂は本当であった。

一方、ジノヴィエフとカーメネフは、地方ではボリシェヴィキ支持者が少ないことを弱点として挙げ、準備不足を理由に、即時の武装蜂起〝反対論〟を書いてほうぼうに送り、ついにカーメネフは「武装蜂起の日取りを決定したという事実に、何ら関知しないことを宣言する」という手記をゴーリキーの発刊紙に送ったので、一〇月三一日にそれが掲載されてしまったのだ。記事を読んだブルジョワ階級は、「武装蜂起は決定されていない」という政府の甘い判断は誤りで、蜂起の噂は本当だと気づいて、一挙に大きな不安を抱いた。

レーニンは、敵方に奇襲計画を教えたカーメネフのこの行為に激怒し、ボリシェヴィキ党員に対して〝裏切り者のペテン師、ジノヴィエフとカーメネフ〟の緊急除名を要求した。すると、カーメネフが中央委員を辞任することは決定されたが、即時除名は否決されたので、その後もカーメネフは中央委員会にとどまった。

一一月三日には、首都に駐屯しているコサック部隊に対して、トロツキーが「蜂起の計画があって血の海になると言いふらしている者は、警察の回し者だ」と告げて、政府側に革命蜂起の計画を打ち消す煙幕をはる一方で、彼の配下にあるペトログラード・ソヴィエト軍事革命委員会が、ペトログラード軍管区を監督する司令官（コミサール）を任命して、守備隊はこの司令官の命令に従わなければならないと命じ、着実に兵士の確保を進めた。だが、ケレンスキーらの政府側でも、守備隊に指揮官を配置していたので、兵士がどちらに従うかは分らなかった。そこで守備隊代表が集会を開いて、政府側の指令に従わないことを決定したので、ソヴィエト革命軍が完全に軍事力を掌握することに成功した。

ケレンスキー政府は、すでに見る影もなかった。さらにほぼ四万人の若い工場労働者から成る赤衛軍がいて、彼らがライフル銃や弾丸の兵器工場を握って、武器を大量に配っていた。加えて、冬宮の目の前、ネヴァ川の島にあるペテロパヴロフスク要塞にトロツキーが乗りこんで、そこの武器庫にある一〇万挺のライフル銃を確保したことが、革命軍の勝利を決定づけた。

一一月五日に軍事革命委員会が「ペトログラード市民へ！」と題して、ソヴィエト指揮下のコミサールを支持し、不穏分子が出た場合にはコミサールに通報するよう呼びかけた。医療班と看護婦隊と食糧供給部隊も編成され、準備が万端整えられた。その夜ついに、蜂起軍の配置が決められた。

しかしレーニンから見れば、ぐずぐずしていると、政府側が前線の兵士を大量に送りこんで、すでにペトログラードに進軍中の部隊が、革命軍をけちらしてしまうおそれが高く、時間が刻々と、無為に費やされているとしか思えなかった。

武装蜂起を決定してから早くも八日がすぎた一一月六日（ロシア暦一〇月二四日）の午前中のことである。ソヴィエトとボリシェヴィキが、ペトログラードの東端にあるスモーリヌイ女子修道院学校を接収し、革命の司令部としていたので、一体そこでなにをしているのかと不安になったレーニンは、軍事革命委員会の幹部二人を呼び出し、どれほどの兵士をいつまでに集められるかを尋ねた。「すべての艦隊をペトログラードに向けることはできないか？」、「それは不可能です」……こうして作戦の詰めを話し合ったが、レーニンはこのままでは、武装蜂起が即時決行されない危機感に襲われた。

この一一月六日に、ケレンスキー政府に熱烈な忠誠を誓う士官学校の生徒が、突如ボリシェヴィキの印刷所を襲ったのだ。そしてケレンスキーが軍事革命委員会の幹部を全員逮捕するよう命令を出し、志願兵に機関銃を配りはじめた。彼はネヴァ川の開閉橋をすべてあげて、蜂起軍の冬宮への進撃を阻止しようと計画した。冬宮防衛軍は、数日前から兵士が少数になって、武器もなかったので、女子突撃大隊が召集され、士官学校の生徒が集結して、鉄道局や電話局にも配置され、機関銃連隊が到着して防衛態勢をとった。昼には、ケレンスキーがボリシェヴィキ司令部スモーリヌイの電話を遮断した。

　これに対して軍事革命委員会は、スモーリヌイ司令部が壊滅するおそれが出てきたので、ペテロパヴロフスク要塞を第二司令部として備えることにし、この要塞の守備隊が、司令官たちを逮捕し、将校室のすべての電話を撤去した。この守備隊の兵士は塔のうえに機関銃を据えつけて、対岸の冬宮方向に銃口を向けた。また路上のすべての自動車を没収し、武器庫から武器を取り出して赤衛軍に配りはじめ、彼らが続々とスモーリヌイ司令部に集合しはじめた。すると政府側がついに橋をあげはじめたので、赤衛軍がこれに対して蜂起し、橋の占領が実施に移され、赤衛軍がすべての橋をおさえた。しかも冬宮防衛にあたっていた屈強な自転車部隊が革命軍に寝返り、バルチック艦隊の全艦船が蜂起支持を宣言して、巡洋艦アウローラ号などが続々とペトログラードに急行してネヴァ川に入ってきたので、冬宮を背後から攻撃する態勢をとった。市内に入ったフィンランド駐留軍は、蜂起に反対する司令官や将校を監禁してしまった。対決の時は迫っていた。

　夕刻になって、レーニンは、宛て名のない手紙を書いた。

　――同志諸君！　万難を排してでも、今晩、今夜、政府を差し押さえること……すべてが失われるかも知れないのだ！　すべての地区、すべての連隊はただちに立ち上がり、軍事革命委員会とボリシェヴィキ中央委員会に代表団を送って、ケレンスキー政権を倒すよう強要せよ。今日中に間違いなく決着をつけること。投票などしている時ではない。力によって解決することは、人民の権利であり、義務なのだ。あらゆる革命の歴史がそれを証明している。すでに傾いている政府にとどめを刺すべき時だ。待てば死ぬ――

夜になってこの手紙がボリシェヴィキ中央委員会に届けられたが、しかしこの手紙だけでは不安なので、レーニンはボリシェヴィキ司令部のスモーリヌイ女学校に乗りこんでいこうと決意した。深夜で、パトロールにつかまる危険もあったが、変装し、歯痛の病人を装って、フィンランド亡命以来のボディーガードを連れて表に出た。かろうじて終電に乗ってスモーリヌイにたどりつくと、軍事革命委員会の幹部メンバーが結集していた革命参謀本部は、レーニンの姿を見てひっくり返るような大騒ぎとなった。彼らは戦闘準備態勢を議論するだけで、いまだ即時の武装蜂起を考えていなかったのである。

レーニンは、スターリンをここに連れてくるように命じた。スターリンが駆けつけると、それぞれの地区の工場と連隊の代表者に呼出しをかけ、参謀本部前のオートバイ部隊を非常召集し、彼らを郊外の工場地帯に走らせた。そこにはすべてを理解しているレーニンの妻クループスカヤが待機していて、トラック、乗用車、自転車などの輸送手段を徴発して、郵便局と電信局の電話を押さえ、ペトログラードの中心にあるフィンランド駅を押さえるよう指令した。

政府側の兵士たちは、ほとんど軍事革命委員会側に寝返って、ケレンスキー指揮下の司令官の命令を聞かず、赤衛軍によって武装解除されていった。深夜一時半には、寝静まった市内に、兵営から兵士が群れをなして現われ、工場からは武装した労働者が大軍となって出てきた。一一月六日、武装蜂起がはじまったのだ！

革命軍は冬宮に向かっていた。翌朝の七時頃までには、ペトログラード電報通信社、国立銀行、首都の主な四つの駅のうち三つまでを革命軍が占領した。しかも鉄道を運行中止にしたため、フィンランドからペトログラードに向けて出発した革命鎮圧軍は前進不能となっていた。士官学校の生徒は抵抗せずに兵営を明け渡し、スモーリヌイ女学校の革命司令部に連行されて、ソヴィエトに反抗しないとの誓約書を書かされ、釈放された。

ケレンスキー首相と大臣たちは、まだ冬宮にいたし、軍部の司令官も参謀本部にいたが、電話を断たれた彼らは完全に孤立し、レーニンから見れば、その連中は死に絶えた残骸も同然であった。発電所も印刷所も自動車も食糧倉庫も、なにもかも革命軍の手に落ち、ネヴァ川に入った巡洋艦アウローラ号が大砲を冬宮に向けて投錨し、冬宮の入口はすべてバ

十月革命勃発時のペトログラード

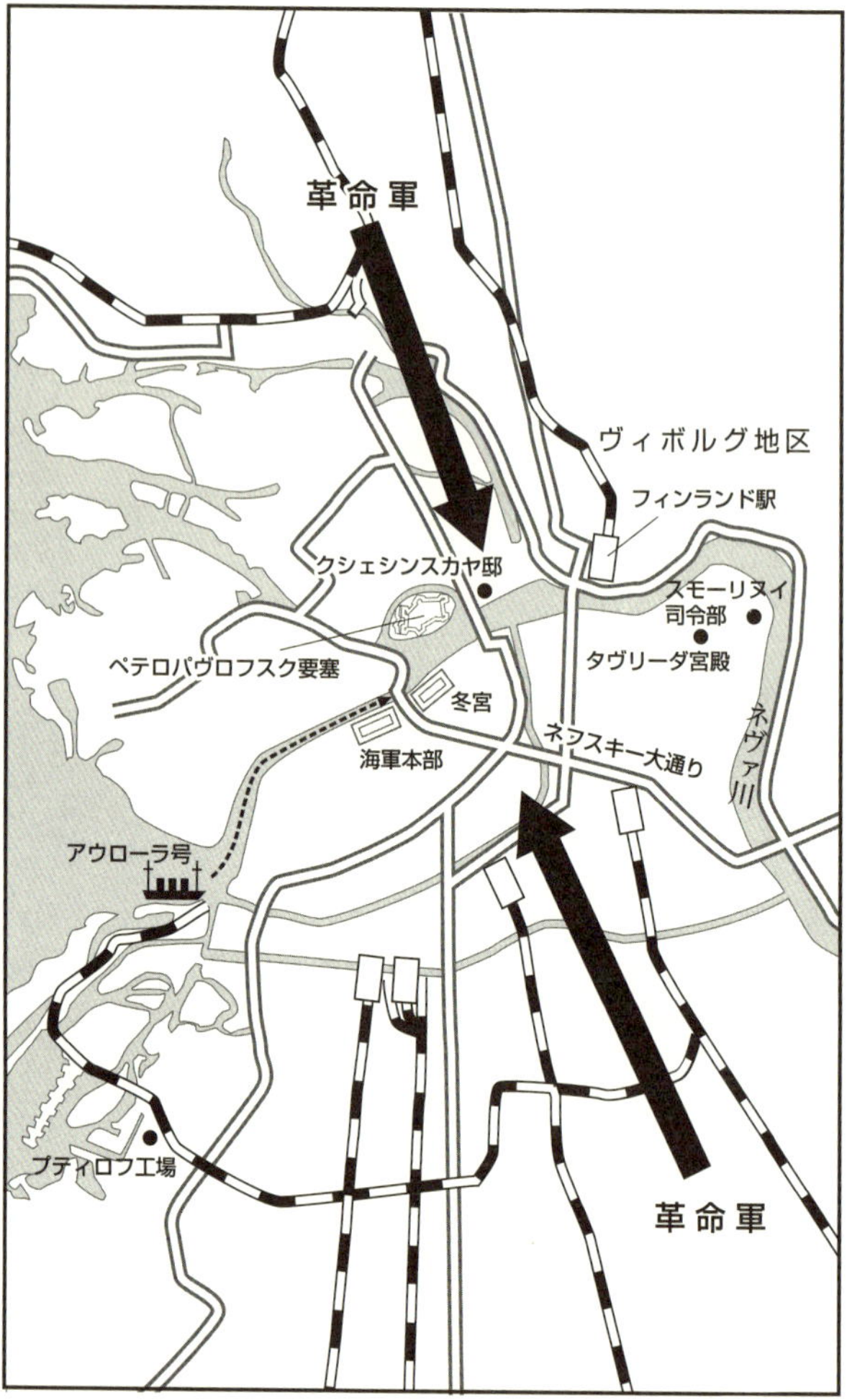

リケードで封鎖され、首都ペトログラードを制圧したのだ。血は一滴も流れなかった。レーニンの強い意志と行動力がなければ、この日に革命は起こらなかったのである。

かくして一九一七年一一月六日（ロシア暦一〇月二四日）にペトログラードで労働者と兵士と水兵が武装蜂起し、翌七日に武装蜂起が完全勝利をおさめ、最後のロシア革命「十月革命」が達成された！　ケレンスキーは星条旗をつけたアメリカ大使館の自動車と共に全速力で冬宮から脱出して、敵前逃亡した。

歓呼に迎えられた〝革命の父〟レーニン

レーニン率いるロシア社会民主労働党内に生まれたボリシェヴィキの指示で国民が武装蜂起したので、あとはソヴィエト軍事革命委員会が「ペトログラードのプロレタリアートと守備隊の先頭に立つ者」として国民に語りかけるだけであった。軍事革命委員会が、ケレンスキー政府が転覆したことを伝え、「人民闘争の眼目は、民主平和の即時提案、不動産の廃止、生産の労働者管理、ソヴィエト政府の樹立である……われわれは勝利した。労働者・兵士・農民の大革命万歳！」と書いたアピールを印刷して、全市にばらまき、ラジオを通じて放送された。前述のペトログラード七月事件で捕らわれていた人たちは、全員が監獄から釈放された。

こうして労兵ソヴィエト政権の樹立が宣言されたのである。

一一月七日（ロシア暦一〇月二五日）午後二時すぎに、スモーリヌイの革命司令部でペトログラード・ソヴィエトが臨時会議を開催し、議長のトロツキーが、「ソヴィエト臨時革命委員会の名において、臨時政府が存在しなくなったことをお知らせします……報告者は同志レーニンです」と告げると嵐のような拍手が起こり、革命の勝利を讃える演説をしているところに、鬚を剃り落としたレーニンが登場した。トロツキーが彼を指して「われらのもとに帰った同志レーニン万歳！」と叫ぶと、会場には帽子がとびかい、割れんばかりの騒ぎとなった。やまない歓呼の声を制して、レーニンが語りだした。

この勝利演説が『レーニン伝』では、以下のようにかなり穏やかな口調で紹介されているが、それは彼が前夜来の烈しい活動に疲れ切っていたからであった。「労働者と農民の革命がついにおこなわれました。それは、いかなる形でもブルジョワが加わらない政府、ソヴィエト政府の樹立を意味します。虐《しいた》げられた人びとが自らの手で、新たな政権の機関をつくるのです。まったく新しい機構がソヴィエト制度の形で生まれます。ロシアの歴史は新しい時代に入りました。この第三の革命は、必ずや社会主義の完全な勝利に達するでしょう。最も急を要する任務は、戦争を終らせることにあります。戦争は資本主義の体制と密接に結ばれている。つまり、まず資本主義そのものを倒さねばなりません。国際プロレタリアートは、われわれを助けるでしょう。地主の所有権を廃止すれば、農民はわれわれを信用するでしょう。われわれはすぐにでもプロレタリアート社会主義国家の建設にかかるべきです」

冬宮に突撃開始

ケレンスキーが逃亡した臨時政府は、夕方になっても、いまだに冬宮《とうきゅう》を占拠し、投降しない防衛隊も残っていたが、革命軍に完全に包囲されていた。レーニンは冬宮砲撃を命じたが、革命軍は流血を避けるため、忍耐強く投降の勧告を続けた。それでも効果がないため、一一月七日夜一〇時近くなって砲撃の合図を下し、ネヴァ川の巡洋艦アウローラ号が砲撃を開始し、一一時に砲撃を再開してペテロパヴロフスク要塞からも砲撃をおこなったが、ほとんどは空砲による威圧にとどめた。それを合図に、種々雑多な群衆から成る革命軍が一斉に冬宮に突撃した。

つかみあいはあったが、激しい銃撃戦にはならず、「孔雀の間」の一室に隠れてふるえていた臨時政府の大臣たち一八人が、軍事革命委員会によって一網打尽に逮捕された。この閣僚を自動車で運ぼうとしたが、群衆が「歩かせろ！」と要求したので、冬宮広場にひきずりだされた大臣に向かって、激昂した兵士たちが、「銃殺刑にしろ！」、「川に放りこめ！」と叫び、大臣たちに殴りかかった。

しかし赤衛軍が閣僚をかばい、真っ暗な通りをペテロパヴロフスク要塞の独房へと連行していった。冬宮を守っていた女子突撃大隊と士官学校生が武装解除され、冬宮が完全に明け渡された時には、すでに夜中の二時をまわっていた。

その後、数日にわたって士官学校生や革命軍兵士によって、青銅の置き時計など冬宮の財宝が略奪されたが、大部分は革命軍が取り戻し、のちに冬宮がエルミタージュ美術館の本館となって、これらの財宝が展示されたのである。ロマノフ王朝の宮殿は、当時世界一の豪華なものであり、その内部にあった財宝には、至高の芸術品〝ファベルジェの卵〟のほか、女帝エカテリーナの愛人オルロフ伯爵が当時の額で四〇万ルーブルという天文学的な価格で買い取って女帝に贈ったオルロフ・ダイヤもあった。これは、イギリス王室のカリナン・ダイヤと双璧を成すものであり、このほかにも冬宮の財宝にはきわめて高価なものが多数含まれていた。

勝利の大会で新政府が組閣された

冬宮突撃の際に革命軍の六人が死亡しただけですみ、ペトログラード全体でも死者は一〇人前後とされ、十月革命はほとんど無血革命といってもよい大成功をおさめた。革命後に、農民ソヴィエトもボリシェヴィキ陣営に加わったので、冬宮総攻撃とほぼ同時に、一一月七日夜から九日にかけて、第二回全ロシア労働者・兵士・農民代表ソヴィエト大会が開かれ、この組織が労働者・兵士・農民が合同したロシア最高の権力機関となった。この大会でレーニンの「平和に関する布告」と「土地に関する布告」を採択した。

この「平和に関する布告」は、民族自決を基本的思想とする戦争からの撤退宣言だったので、戦争による領土の併合と戦争賠償を否定し、即時停戦をすべての交戦国の人民と政府に提案し、ロシア政府がイギリスやフランスと結んだ秘密条約を公表することを謳っており、革命の目的に完全に叶っていた。

一方、レーニンが打ち出した「土地に関する布告」では、個人的な土地所有権の廃止を謳い、「全人民の共有財産となった土地」は地方と中央の機関が掌握する、とされた。貴族や富農たちから土地を取り上げることが目的だとして、一見耳あたりよく聞こえるこの「土地の共産主義制度」は、しかし食糧問題であった。当時のロシアには、自主的な意思で支えられてきた農村の生活があって、一〇〇〇万人以上の農民が加盟する協同組合があり、農村は伝統的な共同体を形成していた。ところがレーニンらのボリシェヴィキは、都市労働者を中心にしていたので農村の実情をほとんど知らなかった。

革命直後から旧地主領地は小農民に分配されたが、これら小規模農家は収穫量が少なかったのである。農民の生活を無視してボリシェヴィキの強権制度を強いることは、結果として共同体を破壊し、国家を揺るがす重大な飢餓問題に発展する運命にあった。

この大会で新政府の議長に就任したレーニンは、ただちに組閣にとりかかったが、他党からの口出しがあれば混乱を招くので、妥協を許さないために、ボリシェヴィキ主体で政府を組織することにした。従来の偉そうな〝大臣〟という呼称を用いないことに決めると、「閣僚は民衆を代表する役職」との意をこめて〝人民委員〟という呼称とし、政府組織全体は〝人民委員会議〟と命名された。しかし外務、防衛（軍事）、司法、財務、内務、労働、農務、文部、食糧、郵政という組織の実体そのものは、ブルジョワ政府の体制とまったく同じであった。そこで本書では、大臣の呼称を用いる。

こうして革命二日後の一一月九日に、レーニンを首班とする人民委員会議（政府）が成立し、外務大臣にトロツキーが就任し、外国と折衝して「平和に関する布告」を実現するという重大な役割を担当することになった。また、革命後に数多くの少数民族が解放されたので、民族問題を担当する大臣を新設し、その役に少数民族出身のグルジア人スターリンが就任した。

モスクワで流血の銃撃戦

しかしこれで、革命が成功したのではなかった！　ロシアには、モスクワという大都市があるので、そこを制しなければならないというのに、ボリシェヴィキの軍勢は、閣僚がいた首都ペトログラードに集中していたので、モスクワはまったく手薄であった。臨時政府軍は、まだ生きていたのである。

一一月七日の昼前にペトログラード蜂起大成功の知らせが、モスクワの労兵ソヴィエトに伝えられると、ボリシェヴィキのモスクワ委員会があわてて戦闘本部を設置し、軍事革命委員会も誕生した。だが、そこにメンシェヴィキも入ったため、決断が鈍く、翌日によ うやく蜂起の準備にとりかかる始末で、兵器庫である城砦《じょうさい》（クレムリン）の武器を奪取することにも失敗してしまった。

さらにエスエル党員の司令官が反ボリシェヴィキ派で、前線から革命鎮圧の軍隊がモスクワに到着するまで時間を引き延ばす作戦をとって、みるみる臨時政府軍が建て直しを図るうち、流血を避けようとする革命軍側が要所を奪われてゆき、ペトログラードとの交信も断たれて守勢に立たされていった。臨時政府軍はペトログラードを奪われた現在、首都をモスクワに移せばケレンスキー政府を復活できるので、必死の抗戦をはじめたのである。

ペトログラードでレーニン政府が誕生していた時、一一月九日夜には、モスクワ士官学校生が革命軍を急襲したのだ。こうした動きに、翌一〇日、革命軍はついに流血を覚悟で、武器を用いる攻撃を開始し、首都革命に数日遅れて、モスクワで武装蜂起が起こったのである。激烈な流血の銃撃戦が展開され、一六日まで一週間にわたる攻防が続いた。その間に、最初は電信局も電話局も、重要拠点が政府軍の手に落ち、少数の赤衛軍が孤立して殲滅されてゆき、革命軍には充分な武器もないという危機にも見舞われた。

しかしその間、革命軍の数がほぼ倍増し、一六日までに士官学校生を完全に撃退した。そして翌一七日に、軍事革命委員会が「モスクワ労兵ソヴィエトが全市を制圧した」と宣言したのであった。双方合わせて死者がほぼ一〇〇〇人にも達する犠牲を出したのである。

かくしてロシアは〝レーニン支配の時代〟へ突入していった。

革命後の激動

　ロシア革命という激動の余波は、旧ロシア帝国領土にみるみる広がっていった。ペトログラードの武装蜂起から二週間後、一九一七年一一月二〇日に、ボリシェヴィキの支援を得て臨時政府ケレンスキー派を追放したウクライナの独立派が、人民共和国を宣言したが、彼らはボリシェヴィキからも事実上の独立を宣言した。一一月二一日に、トロツキーがイギリス・フランスの連合国に対して同盟国ドイツ・オーストリア側との講和条約の締結を提案したが、連合国は共産主義者の提案を黙殺することを決定した。しかしレーニンは、ドイツに対する停戦交渉を軍部に命令した。

　一一月二五日には、ロシア憲法制定のための議会選挙がおこなわれた。だが、農民層を掌握していたエスエル党（社会革命党）が四一三議席を獲得して、与党である革命の主役ボリシェヴィキはわずか一八三議席にとどまったのである。

　それでも一二月三日に、ソヴィエト政府がドイツ・オーストリア側と休戦交渉を開始し、一二月五日に、帝政ロシア時代に結んだ秘密条約をソヴィエト政府が公表し、中東を帝国主義者が分割するサイクス・ピコ条約を暴露して、ロシアがこの条約から脱退した。こうしたロシア新政府の態度を見て、一二月一五日にボリシェヴィキ政府とドイツ・オーストリアが休戦条約に調印して、ついに第一次世界大戦からロシアが脱退して、休戦が成立した。この直後の一二月二〇日に、秘密警察オフラナを解体し、レーニンの提案によってそれに代る共産党の秘密警察が誕生したので、のちにくわしく述べる。

しかしボリシェヴィキにとっては、ロシア帝国時代の領土であるウクライナが独立宣言を出している現在、穀倉地帯として〝ロシアのパン籠《かご》〟である生命線のウクライナを失うことはできなかった。そこで、ドイツがウクライナ奪取に動く前に、急いでドイツと正式な講和条約を結んで領土境界を確定しておく必要に迫られ、休戦の一週間後、一二月二二日に、ブレスト・リトフスク（現在のベラルーシ領内の最も南西部にあるブレスト）で、ドイツ・オーストリア軍に対して大戦の講和交渉を開始し、外務大臣トロツキーと共に、彼の右腕としてソヴィエト全権に任命されたユダヤ人アドリフ・ヨッフェが派遣された。そして、「無併合・無賠償・民族自決」の講和原則を提案した。

しかしドイツ側は、次頁の地図に示されるすでに占領している地域を手放す気がまったくなかった。そのため、「戦争勝利の見返りとしての領土の併合や、戦争賠償金を認めない」という条件と、「民族自決」というロシアの三原則を蹴った。これではレーニンの「平和に関する布告」を実現できないことになる。そこで一二月二五日に、ボリシェヴィ

ロシア革命前後の各国の支配地域

キ軍がウクライナに侵攻して、独立派を東部から追放して、大半を制圧し、その間、翌年一九一八年一月四日まで、ドイツとの講和交渉が中断した。

こうした表面的な動きの背後に、次のような事実があったことを記しておく必要がある。

ロシア・ソ連におけるユダヤ人の勢力

ロシア十月革命後に成立した共産主義国・ソ連においては、ユダヤ人はロシア人と別の国籍を持つ人種として扱われ、それが国内のパスポートに明記されてきた。そして「ソ連ではユダヤ人が弾圧されていた」という論調がしばしば強調されてきたが、ユダヤ人に対する弾圧は、はるか後年のことであり、革命時代にはそれが事実と異なることを述べておく必要がある。

共産主義を生み出したマルクスはユダヤ人……ロマノフ王朝時代のロシア鉄道王グンツブルグ男爵がユダヤ人……ロシア革命の父レーニンの母が、曾祖父の血を引くユダヤ人……社会民主労働党教祖プレハーノフと共に活動したアクセリロードがユダヤ人……レーニンと共同で機関紙〝イスクラ〟の発行・編集に従事し、のちにレーニンと対立してメンシェヴィキの指導者となったユーリー・マルトフがユダヤ人……ロシア革命史上最大の秘密警察スパイだったアゼフがユダヤ人……ロシア映画の巨匠エイゼンシュテイン監督がユダヤ人……レーニンのロシア敗戦論を支持したラデックがユダヤ人……ニコライ二世一家七人を銃殺した処刑隊長ヤコフ・ユロフスキーがユダヤ人……KGBの前身ペトログラード・チェーカー議長のモイセイ・ウリツキーと、その甥でソヴィエト軍参謀本部情報総局の前身である労農赤軍情報局長セミョーン・ウリツキーがユダヤ人……スターリンに粛清されたトロツキー、カーメネフ、ジノヴィエフのボリシェヴィキ三巨頭がユダヤ人……ブレスト・リトフスク交渉のソヴィエト全権ヨッフェがユダヤ人……独裁者となったスターリン第三の妻がユダヤ人……スターリン時代に№2の支配力を握ったカガノヴィッチがユダヤ人……スターリン時代のソ連外相リトヴィノフがユダヤ人……スターリン時代の秘密警察長官ベリヤがユダヤ人……ナチスと手を組んだモロトフ外相の妻がユダヤ人……フルシチョフ首相の女婿がユダヤ人……ブルガーニン首相の妻がユダヤ人であった。

そしてここまで見てきた通り、多くのユダヤ人がロシア革命で活躍し、革命当時、ソヴィエト・ロシアの総人口のなかで、わずか二%にも満たなかったユダヤ人が、共産党の幹部の椅子のうち五二%という過半数を占拠したのである。

これは、ロスチャイルド家を影の支配者として、ユダヤ人の穀物商人がロシア経済の動脈を握り、ユダヤ人ブントという大きな民族集団が、医者をはじめとするインテリ階層を占めていたことによるものであった。

第四章　粛清の嵐と独裁者スターリンの登場

ソ連の秘密警察の誕生

こうして誕生したレーニンの革命政府が、このあと豹変して強制収容所を建設し、民衆に対して粛清の嵐を巻き起こすことになった。その不可解な歴史を知るために、ソ連が生み出した秘密警察の存在をまず最初に紹介しておく。

ロシアには帝政時代から秘密警察というものがあった。その時代には、秘密警察がロマノフ王朝の右腕となって連綿と活動してきたが、アレクサンドル三世が弾圧政治をおこなった時代には、新たに創設された内務省保安部の恐怖の秘密警察、通称オフラナというものがあった。一九〇五年一月二二日の〝血の日曜日事件〟の悲劇によって、やがて来たるべきロシア革命の火がたかだかと燃えあがった時、「革命」を合言葉に活動してきた人間たちは、翌年に恐怖の内務大臣ピョートル・ストルイピンが登場してくる姿を見た。

先に述べた通り、ストルイピンは首相に昇進後も、革命思想家や反政府主義者に対する圧政を続け、抵抗する民衆を裁判なしで次々と絞首台に送り、やがて血に染む絞首台が彼の異名として〝ストルイピンのネクタイ〟とまで呼ばれるようになった男であった。テロリスト鎮圧に成果をあげた彼は、一九一一年に無政府主義者によって暗殺されたが、ニコライ二世の時代にもオフラナは受け継がれていた。

しかし一九一七年にロシア十月革命を成功させたソヴィエト政府が、ドイツなどと講和の交渉を開始する二日前、一九一七年一二月二〇日に、秘密警察オフラナを解体し、レーニンの提案によってそれに代る組織「反革命・怠業（サボタージュ）・投機行為撲滅全ロシア非常委員会」が設立された。その非常特別委員会Chrezvychaynaya Komissiyaの頭文字CKから、チェーカーと呼ばれる組織が、ボリシェヴィキの秘密警察として誕生したのである（CHEKAと書かれ、チェカとも呼ばれた）。

秘密警察チェーカーの初代議長に四〇歳のフェリックス・ジェルジンスキーが就任した。ポーランド領だったリトアニアの地主貴族の家に生まれたジェルジンスキーは、弟がオフラナに処刑されてから革命家を志し、その後はたびたび投獄され、一九〇六年のボリシェヴィキ党大会でレーニンと会って以来、互いに惹かれ合う関係を結び、十月革命を成功に導いた主役の一人であった。

彼はペトログラードの市庁舎に秘密警察チェーカーの本部を設置した。のち一九一八年三月五日に首都をモスクワに移転した頃には数百人規模の組織となり、モスクワのジェルジンスキー街二番地を本部として規模を拡大し、四万人の兵力を持つようになった。後年「KGB本部」と呼ばれるこの建物の眼下に、「一度そこに入った者は二度と再び出てくることのない場所」として知られるルビヤンカ刑務所を擁する恐怖の秘密警察組織が誕生して、血の粛清を実行する部隊の活動がはじまったのだ。

チェーカーを創設後、法務大臣によって捜査と逮捕の権限を与えられたジェルジンスキーは、まず初めに帝政ロシア時代のオフラナの密告者や諜報員を巧みに抱えこみ、広大な情報網を張りめぐらせると、ヤーコフ・ペテルス、ヨシフ・ウンシュリフト、アブラム・ベレンキー、ヴャチェスラフ・メンジンスキーらと共にペトログラードで反革命分子を大量に検挙した。彼らは反体制派（資本主義者）を摘発しながら裁判官を兼務して、事実上は裁判なしに片っ端から処刑しはじめた。ペトログラードでは、旧帝政時代のロシア軍将校を駆り出して道路工事などの強制労働に従事させ、将校の家族は老若男女を問わず監獄に放りこまれるか、強制収容所に送られた。

かねてから「弾圧も、警察支配も、テロルもない新しい社会をつくる」と大衆に約束していたレーニンは、帝政ロシア時代の恐怖の秘密警察「オフラナ」を解体したが、いまや自らこう言い放って恥じなかった。「一番大切なことは、至る所に秘密組織を作ることである。秘密組織なくして大衆行動を云々《うんぬん》することは、駄弁にすぎないのである」。また「テロルを活用し、摘発した反革命分子を即座に射殺しなければ、われわれは一切成し遂げられないのだ」とも公言した。

レーニンがこのような恐怖の秘密警察を創設した動機は、与党ボリシェヴィキが議会選挙で過半数を占めることができなかったため、暴力的な弾圧なしには、圧倒的多数のエスエル党を前にして独裁政権を維持できないと判断したことにあった。ここから、すべての間違いがはじまったのである。そもそも、一時レーニンと組んだドイツの反戦主義者ローザ・ルクセンブルクが、一九一九年一月にドイツのファシスト軍団に殺される前にレーニンを強く批判したのは、このような「共産主義者による独裁」であった。

ドイツ共産党を創立したローザは、たとえ自分に敵対するブルジョワジーであろうと、考えの異なる人間と共に公正な選挙のもとで政治をおこなうべきであると主張したのに対して、レーニンがとった道は、反対者を血祭りにあげて言論の自由を奪う悪魔への道であった。それは、レーニンの師マルクスが説いた、「革命後に変革を遂げなければならない国家は、プロレタリアートの革命的独裁のほかはあり得ない」という教えに従う思想であった。この指令によって、ジェルジンスキーがボリシェヴィキの秘密組織「チェーカー」のために働く密告者を大量に雇い入れ、小さな町や村にまで数々の支部を設置したため、ロシア全土は、仲間を売る恐怖の密告社会と化していった。

レーニン暗殺未遂事件によって赤色テロルの処刑が激化した

一九一八年八月三〇日に、首都モスクワで集会に参加したレーニンが、エスエル党の女性テロリストに狙撃されて重傷を負う事件が起こった。そして同日に、チェーカーに友人を処刑された詩人の怒りを買ったペトログラード・チェーカー議長、ユダヤ人モイセイ・ウリツキーが殺害される事件が起こった。そのあとは一層、秘密警察の監視の目が厳しくなり、九月二日に全ロシア中央執行委員会が「われわれは一つの目には百の目をもって、一つの歯には百の歯をもって報いるであろう」という〝目には目を、歯には歯を〟の復讐宣言を出し、九月三日には、暗殺事件を利用して、報復のために五〇〇〇人のペトログラード市民が銃殺され、その名前が新聞に公表されたのである。

この市民とは、旧体制側の著名な政治家、実業家、出版業者、作家たちを標的にしたものであり、殺されたメンシェヴィキは、おそるべき人数に達した。かつて臨時政府の法務大臣だったシチェグロヴィトフのほか、内務大臣フヴォストフとプロトポポフ、警視庁長官ベレツキー、司祭長ヴォストロゴフらが、公開処刑され、実際の処刑者の数は一三〇〇〇人以上に達したのである。

この一九一八年に強制収容所（ラーゲリやグラグ）の組織化がスタートし、チェーカーには、反革命分子を収容所に送りこんで処刑する全権が与えられた。日々ますます権限を拡大したチェーカーは、一九一九年には革命裁判所から独立した〝共産党の一機関〟であるというお墨付きをもらい、やがて革命裁判所そのものがチェーカーの支配下に置かれて、裁判所の判決に対しては上告が認められなかった。交通機関も、産業も、国境警備も、ついにはモスクワの共産党委員会までが、チェーカーに監視・統制されるに至った。こうして、誰もその活動を制限できない無法の怪物、国家を超える組織となったのである。

一九二一年には極北の厳寒地帯に一万〜二万人を入れる収容所の建設が承認され、その後、最果ての至るところに五〇〇ヶ所以上も収容所が次々と建設されていった。収容所に送られる人たちには、大勢の女性と子供が含まれており、彼らは移住する時に〝死の行進〟をさせられて数千人が死亡する悲劇も一再ならずあり、収容所に到着すれば一ヶ月で一〇〇〇人が処刑され、ほとんど満足な食事もお湯も与えられない日々を送った。そしてほとんど罪もない彼ら囚人が、鉱山採掘や秘密の軍事施設の建設などで重労働を強いられた。

さらに、赤軍をはじめとした軍部もチェーカーの標的となり、反革命分子の摘発がおこなわれるようになったため、トロツキーは、軍部の諜報機関である労農赤軍情報局を改組して、自らチェーカーと別の軍事諜報組織「第四局ＧＲＵ《ゲーエルウー》」を設立し、ここに両者の陰湿な戦いが夜のモスクワにくり広げられることになった。この軍部諜報機関が、第二次世界大戦後にソヴィエト軍参謀本部の情報総局となる組織であった。こうした組織の内部と周囲では、「自分のサークル以外の者は、すべて自分を殺す組織だ」と考えなければ生き残れない相互の探り合いが続いた。アレクサンドル・ソルジェニツィンが描いた『収容所群島』における凄惨な拷問、強制労働、虐殺を指導したのは、ジェルジンスキーだけでなく、ほかならぬロシア革命の父レーニンとトロツキーであったのだ。

一九一七年の十月革命からレーニンが病気で倒れる一九二二年まで、つまり〝レーニン政権時代の五年間〟に殺された人間の数は、一九三〇年代の〝スターリンの大粛清時代〟より、はるかに多かったと言われている。『レーニンの秘密』によれば、革命後の内戦時代に失われたロシア人の生命は一三〇〇万人に達し、その後一九二一年までに、強制収容所と反革命分子の撲滅によってさらに一〇〇万人が殺されているのだ。なぜならレーニンは、エスエル党員とメンシェヴィキの実名を山のように挙げて、「ただちに彼ら数百人を即刻逮捕せよ」と命じ、「ロシア正教の聖職者と白軍には容赦なくテロル（処刑）を実行せよ」と命じた。

逮捕に抵抗したり、武器を隠し持っていただけで「異端者」の濡れ衣を着せられた者は数知れなかった。彼らの射殺を命じ続けたレーニンは、二〇〇万世帯の富裕な農民を〝寄生虫〟と呼び、「彼らに死を！」と叫び、抵抗する富農の首謀者を絞首刑にせよと命じた。虐殺はあらゆる階層におよび、労働者と農民に対しても、おこなわれたのである。

こうして一九二一年に毎日飢餓で数千人が死に、三〇〇〇万の餓死者を出したロシアにあって、レーニンが議長をつとめる政治局が穀物輸出を続けた責任が問われることさえなかった。その一九二一年には、赤軍兵士と指揮官の四三三七人が処刑され、赤軍内部のテロルが驚くべき数に達した。レーニンは公の場では射殺命令を出さず、すべて暗号化された秘密文書と無記名の布告でこれらを実施したため、後年までその事実が知られなかったのである。

その後、こうした秘密警察と軍部諜報機関が暗躍し続け、その実態を告発しようとする人間が次から次へと闇に葬られてしまった。長い間、ロシア・ソ連は、外国に対しては〝労働者と農民を平等に庇護する社会主義国〟として宣伝をおこなったが、国内では〝血で血を洗う粛清国家〟という正反対のふたつの顔を持つことになったのである。

革命五年後の一九二二年二月六日、チェーカーは内務省の国家保安局GPU《ゲーペーウー》に改組された。ロシアでの内戦終結後、チェーカーは「内務人民委員部（内務省）附属国家政治局＝

保安局（GPU）」として、治安維持のための常設機関となったのである。前年から交通大臣を兼務していたジェルジンスキーは引き続きGPUの初代長官に就任し、構成員が町の至る所で目を光らせて、監視と粛清を続け、民衆から畏怖される存在であり続けた。

　一九二二年一二月三〇日にソヴィエト連邦が成立すると、一九二三年一一月一五日、合同国家保安局OGPU《オーゲーペーウー》に改組され、同じジェルジンスキーがOGPUの初代長官に就任したが、翌一九二四年にジェルジンスキーはソ連政府の最高経済会議の議長にもなって、経済部門も秘密警察が支配することになった。

　この一九二三年に、前年にロシアから追放されたロシアの歴史家セルゲイ・メリグーノフが『ロシアにおける赤色テロル　一九一八～一九二三年』をベルリンで発行し、レーニン時代のチェーカーによって無関係の子供たちまで殺され、毎週のように数百人に対する残虐な殺人がおこなわれていることを明らかにし、クリミアでは白軍数万人が銃殺されたことも報告された。訳書は『ソヴェト＝ロシアにおける赤色テロル（1918－23）～レーニン時代の弾圧システム』（梶川伸一訳、社会評論社）として二〇一〇年に出版された。同書によれば、彼ら秘密警察はレーニン直属の機関であり、生活の改善を求める何の罪もない労働者の集会にまで機関銃を持って乱入し、二〇〇〇人以上を大量虐殺して、最終的な犠牲者は四〇〇〇人に達したのである。しかしこうした事実は、ソ連政府の機密文書として厳重に管理され、国外では単なる反ソ宣伝のデマゴギーだとして無視され続け、ほとんど知られなかった。

ボリシェヴィキ最大の死刑執行人ジェルジンスキーが死んだのは一九二六年七月二〇日であった。

その後、組織はたびたび改組・改名されたが、実態は変らず、第二次世界大戦中の一九四三年一月にスターリングラード攻防戦でドイツ軍が敗北したあと、四月にスターリン直属の防諜部隊スメルシュを設立し、スメルシュは殺人部隊の代名詞としておそれられた。さらに紆余曲折を経て、大戦後の米ソの東西冷戦時代、一九五四年三月一三日に、ソ連諜報機関が改組され、世界的に悪名高い内務省の国家保安委員会ＫＧＢ《カーゲーベー》（英語読みケイジービー。Komitet Gosudarstvennoi Bezopasnosti = Committee for State Security）が設立された。ＫＧＢは、スパイ活動、外国のスパイ摘発、国境警備など、広範な任務を帯びた総合的国家諜報組織として、ソ連崩壊後の一九九一年一一月六日に正式解体されるまで、アメリカの諜報機関ＣＩＡと張り合った。こうしてレーニン時代から粛清された人間の数は、ロシア・ソ連の七十数年の全期間を通じて、多い数字で二〇〇〇万〜四〇〇〇万人とも言われる。信じがたい数字である。

一九一八年、戦時共産主義制度とレーニン独裁への道

話は、秘密警察についてだけ、現代までの歴史を一気に記述したが、われわれはこうした悪魔の存在を頭に入れて、再びロシア十月革命以後のソ連の国家建設過程を追跡する。

ボリシェヴィキ軍がウクライナに侵攻した一九一七年末までの動きを先に述べたが、ロシア革命成功の翌年一九一八年に入ると、レーニンはソヴィエト政権を死守して、一方で反革命軍（白軍）と内戦を戦わなければならなかったため、「戦時共産主義」という体制をとることにした。それは、すべての企業の国有化を命令し、革命政府に反対する貴族・資本家・地主から資産を没収する政策であり、モスクワ周辺ではブルジョワから立派な家を数千軒も接収して、党内のエリートが山分けした。

そして最大の難問である食糧確保のために農地の共産主義化を進めようとしたが、レーニンは農業の実態をまったく知らなかった。彼が憎悪した富農（大地主）の生産量がロシアで最大だったので、農地の共産主義政策は大飢饉を招いた。さらに内戦の影響と、穀物を販売する商業システムが解体された上に、すでにこの時期には各地の農産地で穀物生産

量が激減したので、地方のソヴィエトは、飢える地元住民への食糧の供給を優先して、ペトログラードやモスクワなど中央への穀物搬出命令を拒否していた。

そのため一九一八年五月一三日に食糧独裁令を出して暴君と化したレーニンは、翌一九一九年一月には食糧割当徴発制度を打ち出した。穀倉地帯の農村における穀物やジャガイモなどは、農民が消費する必要最小量以外の、すべての穀物と余剰農産物をチェーカーと食糧部隊が暴力的に徴発する政策を実施しはじめたのだ。

処刑と脅迫によって、翌年に播《ま》く種籾《たねもみ》や、家畜から荷馬車までも奪うこの狂気の政策が、ボリシェヴィキが本来守るべき農民から生きる希望を失わせ、貧農までもパンを焼く小麦を奪われ、絶望的な飢餓に追いやられた。それに対する怒りから全土で農民一揆が続発すると、ボリシェヴィキと農民が殺し合う内戦となったが、レーニンが直接命令した〝血の弾圧〟によって農民は沈黙させられたのである。しかし、種籾を奪ったことが翌年の大凶作、大飢饉を招き、一九一九年四月には、最大の穀倉地帯ウクライナで農民が反ソヴィエトの反乱を起こした。

そうした騒乱の中、一九一八年六月二八日に、鉄道と大規模工業会社の国有化が実施され、一九二〇年一二月には一〇人以上の労働者を雇用しているすべての工場が国有化されたのである。ヨーロッパの資本家が最もおそれたロシアの〝共産主義化〟政策であった。あらゆる企業が国営化されてゆき、中央統制によって食糧と日用品が配給制となり、外国貿易も国家が独占して、私企業が非合法化されたのだ。これによってロシアの商業が息の根を止められ、ますます貧困が加速されていった。

しかしこれは戦時体制の構築が目的であったから、同時に、中央（のちモスクワのクレムリン）からの指令に従ってすべてが動かされるようになった。末端の労働者に対しても規律の維持が命じられ、義務制によって完全に国家が労働者を支配し、ストライキには銃殺刑を含む厳罰が科せられたのである。労働者の自由のために蜂起した革命国家が、労働者をしばりあげたのだ。鉄道さえも、軍規に準じるレベルで厳しく統制した。レーニンは理論については並外れた知識の持ち主だったが、産業界と国家行政機関で働いた経験がなく、労働者としての体験もなかったので、工場は人員不足と資材不足のどん底に追いやられた。

その間、一九一八年一月一八日に、ロシアの憲法制定議会がタヴリーダ宮殿で開催された。だが、この議会の議員は、農民層を指導するエスエル党が選挙で大半の勢力を占めていたので、不利と知っていたボリシェヴィキは宮殿への道を軍隊で閉鎖してしまった。そして予想通り、少数与党のボリシェヴィキが求めた「すべての権力はソヴィエトに属する」という宣言が否決されてしまった。レーニンは、このような議会の有り様を見て退場し、折角権力の座についたボリシェヴィキがこのままでは思い通りの政策を実行できないと判断した。彼は翌一九日に、全ロシア・ソヴィエト会議の名で議場を封鎖して、人民に対する公約を破って、たった一日で議会を解散させてしまい、二〇日には武装部隊を派遣して議会を占拠してしまったのだ。

この時からボリシェヴィキ独裁による暴力政権のロシアが誕生することになった。レーニンは、もはや独裁権力の狂信者と化し、国民の意志を選挙で確認することなく七〇年以上の共産主義国家を永続させることになった歴史は、ここからはじまったのである。ただひとつレーニンが、後年の独裁者スターリンや、ほかの国に登場したほとんどの独裁者と違っていたのは、彼個人に対する神格的崇拝を否定し続けたことにあった。

彼の独裁は、自分が生涯をささげて成し遂げた「共産主義革命の成功を死守する」ためなら、いかなる手段でもとる、ということが目的であった。そのため、部下のボリシェヴィキからは、敬意と、絶大な信頼を得て、「革命の勝利に必要なのは独裁である」のひと言で、すべてのテロルを正当化したのである。

こうして都市の労働者階級を握るボリシェヴィキ独裁下で、一九一八年一月二三〜三一日に、第三回全ロシア・ソヴィエト大会が開催され、「勤労・被搾取人民の権利宣言」を採択したが、すでにこの時期から、共産主義は、権利宣言とは逆に、人民の自由を弾圧して、狂気の暴走をはじめていた。

ブレスト・リトフリスク講和条約の調印

一方、外国との戦争に対してはどうであったろう。レーニンは、ロシア革命が周辺諸国に波及し、それぞれの国で民衆が蜂起して自国政府に戦争終結を要求しなければ、ドイツとの講和交渉が進まないと見ていた。そこで、ボリシェヴィキ指導下の赤衛軍が動いた結果、一九一八年一月二八日に隣国フィンランドに内乱が勃発し、反乱軍が首都ヘルシンキを掌握して、内戦に突入した。すると、資本主義国のドイツ・オーストリア軍がただちにソヴィエト・ロシアに対する攻撃を開始した。

この一月二八日には、「領土の併合を認めよ」と迫る敵国ドイツから、講和条約調印を求められた外務大臣トロツキーが、ドイツ案への調印を拒否し、一方的な「戦争終結」と、ロシア軍が復員することを宣言して、ブレスト・リトフスク（現ブレスト）からロシア代表団が引き揚げた。

レーニンとしては、各国の民衆が蜂起して自国政府に戦争終結を要求してくれることをいまだに期待しており、ドイツにはローザ・ルクセンブルクたちの反戦運動があるので、ドイツ軍はウクライナにまでは手を出せないだろうと読んでいたが、その期待は見事に裏切られた。ドイツは、ボリシェヴィキ打倒のためにウクライナの独立勢力と手を結ぶことにし、二月九日にウクライナの穀物をドイツ・オーストリア側に提供することと引き換えに、ドイツ軍を送ってウクライナの独立を承認する条約を結んだのである。これに対して、すでに戦争終結を宣言していたボリシェヴィキは、手も足も出せなかった。

ロシア暦の一九一八年一月二四日に、ソヴィエト政府が、帝政ロシアが使ってきた古いロシア暦の廃止令を出し、以後、ロシア暦の二月一日を二月一四日として、西ヨーロッパで使われているグレゴリオ暦（現在の西洋暦）を採用すると布令した。

二月一六日には、バルト三国のリトアニアが独立を宣言し、二月一八日からドイツ軍が戦闘を再開して大攻勢がはじまった。ロシア側はそれに応戦することなく、ボリシェヴィキ党中央委員会が「賛成七、反対五」で講和を受諾することを決定し、ソヴィエト軍がほとんど抵抗することなく退却した。二月二四日に、バルト三国のエストニアが独立を宣言して、ドイツ保護下のペーツ臨時政府が成立した。

こうしてロシアの領土が次々とドイツ軍に侵食されてゆくのを見て、一九一八年三月三日に、ロシアのボリシェヴィキ政府は、政権を維持するためにドイツ側の要求を無条件に受け入れることを決断し、ドイツ帝国、オーストリア＝ハンガリー帝国、ブルガリア王国、オスマン帝国（トルコ）との間で、ブレスト・リトフスク講和条約を調印したのである。

この条約には新生ウクライナ人民共和国も参加した。かくしてロシアは帝国主義戦争から正式に離脱することができた。だが、ドイツが求める領土割譲を認めたことによって、ロシア帝国領であったフィンランドと、ポーランド東部を失い、ロシア南部のカフカス地方をトルコに割譲させられ、ウクライナからも撤兵することを余儀なくされ、一一月一八日にはラトビアも独立を宣言してバルト地方が完全に独立し、一〇〇万平方キロメートルという広大な領土（現在の日本のほぼ三倍近い面積）を失ったのである（バルト三国がソ連に併合されるのは、第二次世界大戦開戦の引き金となる一九三九年のヒットラーとスターリンの密約後であった）。

結局ロシアは、人口の三四％、耕地の三二％、工場の五四％、炭坑の八九％を失うという大きな代償を払うことになり、さらに六〇億マルク（三億ルーブル）の賠償金をドイツに支払うこととなった。同日には、ロシアの弱腰を見透かしたドイツ・オーストリア軍が、ウクライナのキエフを占領した（しかしこのあと大戦に敗れたトルコとドイツは、これら領土と賠償金をすべて失うことになる）。

このように大きな代償を払う「屈辱的な講和条約」をロシア軍の兵士がどう見ていたかというと、食糧難に襲われていた前線の兵士たちは、塹壕にこもりながら冬の寒さに耐えなければならず、ドイツ軍の毒ガス兵器に苦しめられ、これ以上の戦争の継続を強く拒否していた。その兵士の九割近くが農民出身であった。この兵士たちは一刻も早く帰郷して、農村の復活のために働きたいと望んでいたので、ロシア全体の国民感情としては、ソヴィエト政府が結んだ厳しい講和条約の条件が受け入れられる結果となった。

ただし、現実にドイツに割譲された帝国時代のロシア領土では、ドイツ軍の列車が次々と到着して占領してゆく光景を見る住民は、何のためにこのような事態になったかを理解することができなかった。

こうして第一次世界大戦が終了したこの一九一八年に、ポーランドは一八世紀以来念願の独立国家として出発した。この時レーニンは、ポーランドに対して、ロシアのウクライナ領との国境を未確定にしておいたが、それはウクライナの領地をめぐって、ポーランドと、ロシア国内に生き残っている帝政ロシア軍（白軍）が争うように仕向け、その漁夫の利を狙ってボリシェヴィキの勢力を拡大するという軍事的意味も含まれていた。その時のポーランドで最大の力を持っていたのが、ユーゼフ・ピウスツキ将軍という独裁者であった。レーニンは若くして、このピウスツキ将軍を知っていたのである。ピウスツキもレーニンが何者かを知っていた。

というのは、レーニンがまだ本名ウラジーミル・ウリヤノフを名乗っていた青年の頃、兄アレクサンドルが、ロマノフ家の皇帝アレクサンドル三世の暗殺未遂事件に加わった容疑で捕らえられ、処刑される姿を目撃しなければならなかった。その裁判で検察側の証人として立たされたのが、レーニンの兄に家を貸し、活動家の印刷所として使わせたブロニスラフ・ピウスツキというポーランド人であった。

彼は爆殺計画への関与を否認し続けたが、その弟ユーゼフが皇帝暗殺の作業を間接的に手伝っていたことが暴露され、ユーゼフ・ピウスツキはシベリアへ送られる身となった。レーニンの兄は処刑され、その経過の一切を青年ウリヤノフは目に焼きつけた。ロシア革命が成ったとき、しかしその青年はウラジーミル・レーニンと名乗っていた。そして隣国へ目を投げやると、独立の歓喜に沸くポーランドを支配して立っていた将軍は、まぎれもなくあのシベリアへ送られたユーゼフ・ピウスツキであった。

忘れもしないあの裁判で、兄と共に有罪となった男が、新生国家を率いていたのだ。そこでレーニンは、ポーランドの独立をそのまま認める決断を下したのであった。

首都のモスクワ移転と赤軍の創設

ちょうどこの時期、一九一八年三月六日に、ボリシェヴィキ党大会が開催され、党名を「共産党」に変更する決議が採択され、ロシアが正式に共産主義国を名乗った。またレーニンが提案した「さらに厳格な組織を全国至るところに構築することが、ソヴィエト権力の責務である」という決議も採択され、共産党による中央集権化路線が確立された。ところがその三日後の三月九日に、共産主義革命の拡大をおそれるイギリスのソヴィエト干渉軍が早くもムルマンスクに上陸してきたのだ。ムルマンスクはコラ半島の北岸、バレンツ海からコラ湾を五〇キロほど南に入った東沿岸にあり、ノルウェーやフィンランドとの国境に近いところなので、このイギリス軍が首都ペトログラードに侵攻してくるおそれがあった（一五五頁の地図参照）。

ロシア軍は、すでに世界大戦から離脱していたので、イギリス軍とは交戦しなかったが、三月一一日に、ソヴィエト政府首班のレーニンは、外国軍による首都侵略をおそれて、首都をペトログラードから内陸のモスクワに移転した。そこはムルマンスクから南へ直線距離で一五〇〇キロ以上あった。一七一二年にピョートル大帝が首都を新都市ペテルブルクに移転して以来、二〇六年ぶりにモスクワが首都に復帰し、旧ロシア帝国の要塞だったクレムリン（ロシア語でクレムリ）宮殿が、ソヴィエト共産党本部となり、レーニンはクレムリンの三階で五年を過ごすことになったのである。三月一四日には、エスエル党がソヴィエト政府から離脱したので、政府は共産党独裁へと移行した。

ところがドイツ軍は、ロシアの首都移転を見て、ソヴィエトが前線を防衛する意志がないことを見抜き、首都移転から一〇日後の三月二一日に、西部戦線で大攻勢を開始した。この攻勢が四月五日まで続いた。さらに四月五日には日本軍が極東のウラジオストックに上陸し、四月一三日には、フィンランドで内戦が続く中、ドイツ出身一族で、帝政ロシア軍に所属していたカール・マンネルハイムが指導する白衛団をドイツ軍が支援して、首都ヘルシンキを赤衛軍から奪回したのである。

こうしてロシアに軍事的な危険が迫る情勢のなかで、講和条約を調印して世界大戦からの離脱という大仕事を成功させたトロツキーは、二月に外務大臣を辞任して、三月中旬に今度は軍事大臣および最高革命軍事会議議長に就任し、崩壊寸前になっているロシア軍を、国防のために再建する作業に取り組むことになった。なぜなら、周囲では、ドイツ・オーストリア軍とイギリス・フランス・アメリカ軍が相変らず激しい戦闘を続けており、ドイツ軍やイギリス軍がいつロシアに攻めこんでくるか分らない情勢なので、十月革命のなかで完全に崩壊した帝政ロシア軍に代る軍事組織が存在しなければ、ソヴィエト・ロシア共和国を防衛できないことは明白であった。

すでにレーニン政府は、革命で活躍したボリシェヴィキ主体の赤衛軍を母体に、「ソヴィエト労農赤軍」という志願制の即席軍隊を、この一九一八年の一月二八日に創設していた。この軍隊は、民主的な選挙によって兵士が指揮官を選ぶという近代的なものであった。しかし軍事大臣トロツキーは、労農赤軍はロシア国内の反革命勢力との戦闘に力を発揮できても、列強の強力な外国軍隊には到底勝てないと見て、大規模な赤軍の創設を計画したのだ。しかも三月に彼が打ち出したプランは、軍事的な専門家として旧帝政ロシアの軍部将校を活用して、厳しい軍規を敷くというものであったため、ボリシェヴィキの大半が〝かつての人民弾圧者〟の登用に猛烈に反対した。

しかしレーニンは、ヨーロッパ列強の脅威におびえていたので、トロツキーの計画に賛同した。トロツキーは、旧軍将校一人につき、二人の監視役の司令官（コミサール）が拳銃を持って見張れば大丈夫として、統制のとれたプロの正規軍として〝赤軍〟が創設されることになった。

旧ロシア帝国の将校や下士官だった人材が、一万人近く赤軍に採用されてゆき、一九一九年なかばには三万人に達した。こうして一九二五年まで革命軍事会議の議長をつとめたトロツキーのもとで、赤軍司令官に任命されたミハイル・トゥハチェフスキーは、ロマノフ王朝の貴族ファミリーであり、「ロシア革命政府の軍隊を機械化しなければ戦いには勝てない」という戦略哲学を貫いて、トロツキー指揮下でやがて脆弱な赤軍を世界有数のソ連軍に育てあげることに成功したのである。〝赤いボナパルト〟の異名をとり、赤軍に戦車、ロケットなど機械化の革命をもたらし、一九三一年にスターリンのもとで赤軍総司令官の最高位にのぼりつめたのがトゥハチェフスキーであった。ソヴィエト軍部は、急速に非民主的な右旋回をはじめたのである。

それは、赤衛軍のように地区ごとに活動する部隊ではなく、ソヴィエト政府が〝赤軍〟全軍を指揮するという目的のため、全ロシアの軍隊が中央集権化されることであった。当然そこには、これまでの志願制に代って、徴兵制が入ってきたので、強制的に軍事訓練が取り入れられた結果、脱落者と脱走兵が激増した。そうなればますます、彼らに対する厳しい懲罰や処刑が命じられ、革命前にレーニンが説明していた〝人民のための理想的国家〟とは正反対の、残虐な軍事支配体制が誕生したのである。

一九一八年後半から翌年初めまでに徴兵逃れの者が九〇万人を超え、徴兵拒否者は八〇％にも達し、その総数は膨大になった。この徴兵対象者の大部分は農民であり、先に述べた農村の食糧徴発によって、ボリシェヴィキに対して烈しい憎悪を抱いていたからである。彼らが武装したまま脱走して、ボリシェヴィキの食糧徴発部隊を襲撃し、それが農村蜂起を起こしたのであった。

そうこうするうち一九一八年五月二六日には、ロシア白軍のチェコスロバキア軍団がウラル山脈東側のチェリャビンスクでソヴィエト政権に反乱を起こし、シベリア西部のオムスクと、バイカル湖近くのイルクーツクを占領し、シベリア鉄道を占拠したのである。当時のチェコスロバキアはオーストリア＝ハンガリー帝国の支配下に置かれていたので、第一次世界大戦の開戦後にロシア攻撃に駆り出されたが、支配者であるオーストリア軍の敗北を望んでいた。そこで多くの兵士が投降して、わざわざロシア軍の俘虜となった。彼ら俘虜は、オーストリアからの独立運動に燃えていたので、今度は帝政ロシア軍のもとでチェコスロバキア軍として編成されていた。

ところが十月革命によって生まれたソヴィエト政府が、そのチェコスロバキア軍に武装解除を命じたため、チェコスロバキア軍がそれを拒否して、一九一八年五月から六月にかけて共産党の赤軍と戦闘を展開することになったのである。八月二日には、イギリス軍がロシア北西部の都市アルハンゲリスクにも進駐してきた（一五五頁の地図参照）。

その間、ソヴィエト政権は、七月四〜一〇日には、第五回全ロシア・ソヴィエト大会を開催し、ドイツとのブレスト・リトフスク講和条約に反対してテロをおこなっていたエスエル左派の追放を決議し、ソヴィエト憲法を採択した。するとそれに対して、エスエル組織が、「講和会議でレーニンを操る軍国主義者」と指弾していたドイツ大使ヴィルヘルム・フォン・ミルバッハを七月六日に暗殺してしまい、八月三〇日には、レーニンに重傷を負わせる暗殺未遂事件を起こした。

ニコライ二世一家の処刑

そうするあいだにもソヴィエト政権は、一九一八年七月一七日に、元皇帝ニコライ二世と皇后アレクサンドラと、娘四人、息子一人の一家全員をエカチェリンブルクで処刑することに踏み切った。

二月革命後に退位した「最後の皇帝」ニコライ一家は、ペトログラード郊外の離宮ツァールスコエ・セローで幽閉生活を送っていたが、やがて「ニコライ一家を殺せ」と処刑を求める声があがってきた。そのため一九一七年八月には、ペトログラード・ソヴィエトによる処刑から守ろうと、ケレンスキーの臨時政府によって一家は西シベリアに移された。そのあと十月革命後に生まれたソヴィエト政府のボリシェヴィキが、今度は帝政復活をめざす白軍がロマノフ一家を奪回するのを防ごうと、ウラル地方のエカチェリンブルクに移せと命じたため、一家はそこに囚人として監禁されてきた。

先に述べた通り、この時期にチェコスロバキアの反乱が起こったので、この騒乱期に、ニコライ一家がいよいよ奪回されるおそれが出てきた。ボリシェヴィキ政権は、帝政ロシアの復活を望む白軍が元皇帝を奪回すれば彼らが勢いづき、ますます革命の基盤が揺るがされると読んだので、レーニンがロマノフ一族全員の殺害命令を出し、ユダヤ人ヤコフ・ユロフスキー率いる処刑隊が急いで元皇帝一家七人を銃殺したとされている。

「白軍によるロマノフ家の誘拐未遂事件が発覚したため処刑した」と発表されたこの事件は、レーニンにとっては、兄アレクサンドルを処刑した皇帝一家に対する復讐を果たしたことになる。だが、幼いアレクセイ皇太子はじめ罪もない五人の子供たちまで処刑する必要があったのだろうか。この一ヶ月前にはニコライの弟ミハイル大公も処刑され、一九一八年に死亡したロマノフ一族が、ニコライ二世の一家のほかに六人もいたのは、国民に対して「帝政復活の可能性はゼロである」というメッセージを伝えるために、追いつめられたボリシェヴィキにとっては必要なことであった。

しかしこの処刑事件は謎に包まれた部分が多く、ニコライ一家には生存者がいたという説もあり、ニコライ二世の末娘の皇女アナスタシアが生きていたというストーリーで映画化された『追想』の物語を含めて、現在もすべての経過を断定できない。

ヴェルサイユ会議と〝コミンテルン〟の設立

一九一八年のこの時期は、第一次世界大戦の末期であり、各国でロシア革命に呼応する革命の動きが高まり、ヨーロッパが激動していた。苦境に立たされたボリシェヴィキは、反撃するためドイツに対して革命を広めるプロパガンダの資金を送りこみ、ドイツ語で書かれた反戦・反政府文書をドイツ全土にばらまいていた。そこで一月三日に、ドイツで反乱が起こり、翌四日に、労兵評議会がバルト海に面したキール市を掌握してドイツ社会主義革命が起こって、反乱はドイツ北部に拡大し、西ドイツと南ドイツの大都市でも労働者と兵士が決起した。この機に、戦争に反対するスパルタクス団としてドイツ政府に一九一六年から逮捕・投獄されていたローザ・ルクセンブルクが釈放されたのである。

やがてドイツ軍の敗色が濃厚になってゆき、一一月一〇日に、ホーエンツォレルン王朝が完全に滅亡して、ベルリンの労兵評議会が、社会民主党三人と独立社会民主党三人から成る人民代表委員会政府を承認して、仮政府の成立を宣言したのだ。ところが翌日一一月一一日に、ドイツの社会民主党党首フリードリッヒ・エーベルト政権が、連合国と休戦協定に調印して降伏し、これによってブレスト・リトフスク講和条約がまったく無効になり、二日後にソヴィエト政府が条約を破棄したのでドイツ帝国との約束は雲散霧消した。それはレーニンにとって、ドイツに対する屈辱から解放された瞬間であった。

ところが、こうして第一次世界大戦が終結すると、一週間後の一一月一八日に、ロシアの「白軍」司令官アレクサンドル・コルチャーク海軍提督が帝政ロシアの復活をめざして、イギリス兵とアメリカ兵を含む二〇万人の兵力を擁して、シベリアのオムスクで反革命の軍事独裁政府を樹立し、ボリシェヴィキ政権打倒に決起したのである。当時の共産主義の「赤軍」と旧ロシア帝国主義の「白軍」が展開した分布は、次頁の地図のようなものであった。ケレンスキー政権時代にクーデターを起こしたコルニロフ将軍も脱走して、皇帝に忠誠を誓うドン・コサック軍の根拠地であるドン川地方にその拠点を定めて赤軍と戦ったが、一九一八年四月に赤軍との戦闘で戦死した。まだまだボリシェヴィキを打倒しようとする反革命の軍勢が多数いたのだ。

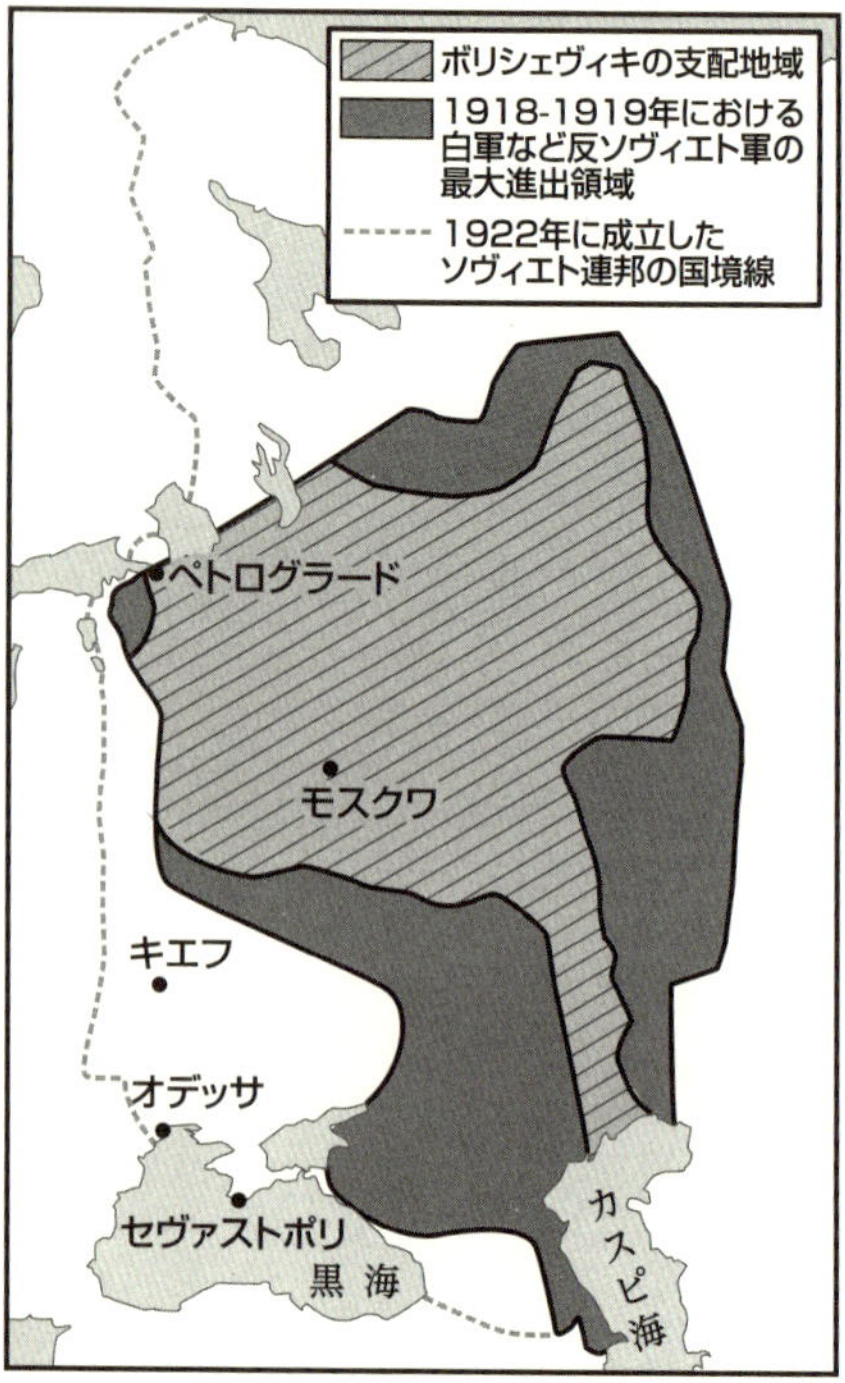

だがそれだけでなく、十月革命の熱気が過ぎ去ったあと、労働者と農民に対して弾圧をはじめたボリシェヴィキの独裁に怒るロシアの民衆のほとんどが、レーニンの革命を拒否しはじめ、次々と決起したのである。レーニンにとって最大の問題は、内戦状態に突入したロシア国内にあったのだ。しかしコルチャークの

「白軍」もまた、単なる軍人の集団にすぎなかった。彼らはシベリアで処刑と拷問を展開し、知識人に対する弾圧に熱中して、カビのはえた〝帝政復活〟のスローガンのほかには何ら思想を持っていなかった。そのおかげで、共産主義を支持しない農民が、「地主が戻ってくる帝政復活（王政復古）」を拒否し、「外国兵に頼る白軍を拒否する」という愛国精神を保ち続けた。つまりこの時点で国民から支持されていないボリシェヴィキが、政治的に、かろうじて勝利をおさめたのである。

一九一八年一一月二九日には、バルト三国のエストニアが共産主義のソヴィエト政権を樹立し、一二月一七日には同じくバルト三国のラトビアが共産主義のソヴィエト政権を樹立した。

こうして翌一九一九年に入ると、ドイツでは一月一日に、ローザ・ルクセンブルクたちの反戦主義者スパルタクス団を柱として「ドイツ共産党」が創立された。彼らは革命蜂起をめざして武器を所有する軍事組織の性格を持っていた。その直後の一月五日に、ドイツ南部ミュンヘンに「ドイツ労働者党」が設立され、のちにアドルフ・ヒットラーが入党して、これがナチスとなる時代であった。

この年、当時「最も民主的」と言われたワイマール憲法を七月に採択することになる社会主義者のエーベルト政権は、しかし共産主義国を建設するつもりはまったくなく、かつての二月革命後のロシア・メンシェヴィキと同じようにブルジョワ社会主義国の建設をめざしていた。このドイツ政権は、共産主義者の革命を阻止するため、旧帝国軍人などを糾合してファシスト軍事団体フライコール団をつくり出していたのだ。そのため、一月一五日に、反戦運動を引っ張ってきたローザ・ルクセンブルクとカール・リープクネヒトは、フライコールの暴力団によってベルリンで逮捕され、無惨にも数百人の同志と共に虐殺され、近くの川に投げ捨てられたのである。

そうした時期の一月一八日～六月二八日に、パリのヴェルサイユ宮殿において第一次世界大戦後の処理を議論するヴェルサイユ会議＝パリ講和会議が開幕した。戦勝国が主導し、フランス首相ジョルジュ・クレマンソーが独裁的な発言を続けた会議が六月二八日まで続き、イギリス首相デヴィッド・ロイド＝ジョージ、外相ジョージ・カーゾン卿が主役を演じた。これに対してアメリカ代表団のメンバーは、団長がウッドロー・ウィルソン大統領、副団長がロバート・ランシング国務長官、首席顧問で財政担当官にジョン・フォスター・ダレス、情報連絡担当官にその弟アレン・ウェルシュ・ダレス、経済総括顧問が「モルガン商会」の重役トマス・ラモントであり、ダレス兄弟は副団長ランシングの甥であった。つまりアメリカのほとんどの産業を支配していた二大財閥モルガン＝ロックフェラー連合の驚くべき人材で埋められていた。この会議は以下のような経過をたどった。

この会議では、国際連盟を設立するための規約と、ドイツとの講和条約を審議する前に、「共産主義革命を成功させ、ヨーロッパ人、特に資本家階級に危機感を与えているロシア問題」が討議されたのである。前年の一九一八年末には、先にソヴィエト政府が、敗戦国となったドイツ・オーストリアと結んだブレスト・リトフスク講和条約を破棄していたので、戦勝国である連合国との講和を提案し、ヴェルサイユ会議にソヴィエト代表を送る権利を主張していた。

ところがヴェルサイユ会議開催中の一九一九年三月二日に、共産主義インターナショナル大会がモスクワのクレムリンで開催され、レーニンがかつて批判したブルジョワに妥協的な第二インターナショナルに代って〝軍事力を含むあらゆる手段を使って世界革命をめざす組織〟第三インターナショナルを設立し、これが通称〝コミンテルン〟と呼ばれた。二〇ヶ国以上の革命家を集めることを計画し、箝口令《かんこうれい》が敷かれたこの会議には、トロツキーが軍服で出席し、レーニンが、「コミンテルンは世界中に革命を輸出する！」と演説したのだ。この暴力的革命の輸出計画に対して、チェーカーの秘密部隊が連動して世界的な連絡網をつくり、ドイツ、イタリア、フランス、イギリス、オランダ、フィンランド、スウェーデン、ハンガリー、チェコスロバキア、ペルシャ(イラン)、さらにインド、中国、朝鮮をはじめとするアジア諸国などに資金を送って活動をはじめた。日本で活動して、のち一九四四年に処刑されたリヒャルト・ゾルゲが、このコミンテルンの秘密工作員であったように……

イギリスなどの連合国は、このコミンテルン創立会議にスパイを送りこんでいたので、レーニンの急な動きを見て、〝ロシア革命の飛び火〟をおそれてソヴィエト政府が求めるヴェルサイユ会議への参加を黙殺し、むしろ新たに戦勝国の大軍をロシアに派遣して経済封鎖を続行しようとした。しかしその政策が、逆にロシア国民をボリシェヴィキ側に接近させる危険性があったので、イギリス首相ロイド＝ジョージとアメリカ大統領ウィルソンは妥協策を探った。

その時、イギリス陸軍大臣に任命されたばかりの強烈な反共主義者ウィンストン・チャーチルが、「革命行為はドイツの軍国主義より残虐である」と盛んに宣伝して、ソヴィエトへの軍事干渉を強く求めた。ところがチャーチルの意見は世界大戦で疲れきっていた同僚の大臣たちに猛反対され、二転三転した結果、「ロシアにいる二八万人の連合軍を撤退させるが、白軍にはあらゆる援助を与える」ということが決議され、翌一九二〇年までに、シベリアに駐留する日本軍を除いて、ほとんどのソヴィエト干渉軍が撤退した。

そしてアメリカからは、ソヴィエト打倒を掲げる白軍総司令官のコルチャーク提督に対して莫大な資金と兵器・弾薬が送りこまれたが、コルチャークは赤軍に敗れて一九二〇年に処刑され、累々たる白軍兵士の死体がシベリアの戦場に積みあがった。こうしてかろうじて共産主義国ロシアが確立されたのである。

ハプスブルク帝国が解体され、のちに共産主義国となるチェコスロバキア、ユーゴスラビア、ポーランド、ハンガリーがそれぞれ独立国として正式に分離されたのは、こうした時期の一九一九年九月一〇日に、オーストリアがサン・ジェルマン講和条約に調印した時であった。

ロシア正教に対する弾圧

労働者も農民も弾圧されたこのような共産主義の革命時代に、もうひとつ、弾圧されたものがあった。それは聖像（イコン）を掲げるロシア正教という宗教であった。しかし、なぜロシア民衆の精神的なよりどころだったキリスト教が、共産党政権によって弾圧されなければならなかったのであろうか？　ロシア正教は、キリスト教のひとつの教派だが、世界的な位置づけとしては、やや特異な性格を帯びていた。

バチカンと呼ばれ、キリストの使徒ペトロを讃えるサン・ピエトロ大聖堂に本山を置いて、ローマ法王を最高聖職者と仰ぐカトリック教会は日本でもよく知られ、信者も多数いる。これに対して、ギリシャ正教やロシア正教などの「正教会」は、日本ではあまり知られていないが、東京の神田にあるニコライ堂は正教会の大聖堂である。この「正教会」とは、古代ローマ帝国時代にキリスト教が誕生した一世紀以来、キリストの使徒を受け継いできた最古の教会であった。その後、ローマ帝国が東西に分裂した西暦三九五年のあと、西ローマ帝国が滅んだため、残ったのは東ローマ帝国であり、首都をコンスタンティノポリス（現在のトルコのイスタンブール）に置く東ローマ帝国のキリスト教会、いわゆるビザンチン・キリスト教として発展してきた教派、それが正教会であった。そのためローマ法王庁とは独立して、主にギリシャから東方に、ロシア、ルーマニア、セルビア、グルジアなどで信仰される教派となった。

ロシアという国家が生まれる前から、豪華絢爛たる礼拝をおこなっていたこのビザンチン・キリスト教に魅せられたのが、モスクワ大公国を建設した時代のロシア人支配階級であった。やがてイワン雷帝がロシアのツァーリ（皇帝）に即位してロシアにリューリック王朝が正式に誕生したが、ロシアの場合、皇帝の戴冠式という行事は、ロシア正教の最高聖職者である長いヒゲの総主教が冠を授ける儀式のことだったのである。

ナポレオンの戴冠式がノートルダム大聖堂でおこなわれ、エリザベス女王（二世）の戴冠式がウェストミンスター寺院でおこなわれたように、戴冠式とは、公式に王冠や帝冠を聖職者から授けられる儀式であり、ロシアでそれをおこなったのがロシア正教のモスクワ総主教であった。ロシア・オペラで有名なボリス・ゴドゥノフもロシア正教に改宗し、やがてモスクワ総主教フョードル・ロマノフの息子ミハイルがロマノフ王朝の初代ツァーリに即位してこれを受け継ぎ、ロシア正教を国の柱としたばかりか、当初はロシア正教の総主教が秘密警察の長官をつとめたほどの権力者であった。

したがって、ロシア正教は一貫してロマノフ王朝を権威づけるツァーリの庇護者であり、同時にロシア全土の農民に聖像（イコン）をお守りとして信仰させ、聖体を拝ませる正餐《せいさん》式によって、農民に庶民的な宗教文化を楽しませ、帝政ロシアを維持するための精神的支柱であり続けた。西ヨーロッパ文明の虜となったピョートル大帝の時代には、ロシア正教も西ヨーロッパ式の制度を取り入れるよう改革を迫られ、一七二一年に総主教制が廃止されたが、一九一七年の二月革命後に臨時政府がこれを復活させた。この間、ロシア正教が一貫して果たした役割は、利権者の貴族階級と結んで商工業の分野にもおよび、農奴制を推進する母体でもあった。

ロシア正教は宗教というより国家を支える大産業のボスとして君臨し、貴族や皇帝にとって、なくてはならない存在であった。一九〇五年の〝血の日曜日事件〟の時に、労働者を大行進に駆りだしたガポンがロシア正教の聖職者であり、群衆がイコンを掲げて行進したことで分るように、ロマノフ帝政＝ロシア正教制度であったのだ。

そうした中、どこの馬の骨とも分らぬレーニンという人間が登場し、十月革命が起こされた時のロシア正教の総主教は、貴族社会と宗教の権威を足元からゆるがすボリシェヴィキの言動に腰をぬかさんばかりに驚いて、正教会は共産主義者の革命に断固として立ち向かう集団となって戦いを挑んだのである。その結果は、悲惨なものであった。

チェーカー長官ジェルジンスキーばかりでなく、ソヴィエト政府首班レーニンが、「教会は反革命の拠点である」というスローガンを掲げてロシア正教の寺院と、八万を数える教会をことごとく破壊させ、聖職者と熱心な信徒は一万四〇〇〇人〜二万人が射殺され、処刑された司祭たちの死体は、谷間などに放りこまれた。

　ボリシェヴィキは、教会が持っていた宝石類の財宝を収奪し、トロツキーはそれを「莫大な量の戦利品」と呼び、壊滅的な打撃を与えた。こうした行為に抗議したロシア総主教は監禁され、ボリシェヴィキはローマ法王をはじめ世界各地からあがる抗議の声を無視して、教会の勢力を一〇分の一にまで縮小させたのである。こうして十月革命後のロシアでは、国中から教会の鐘の音が聞こえなくなった。さらに宗教ばかりでなく、ロシア芸術界のオペラやバレエと文学を規制し、反ボリシェヴィキの出版社を閉鎖し、文化まで革命化しようとしたのが、レーニンであった。

　こうして権威からひきずりおろされたロシア正教だったが、それを救ったのは、第二次世界大戦中にヒットラーが命令したバルバロッサ作戦によるソ連攻撃であった。この独ソ戦のなかで、ロシア正教会が決起してソ連防衛に立ちあがったため、スターリンがほんの一時的に、宗教弾圧を停止して、聖職者を優遇した。しかしフルシチョフ時代から宗教弾圧が再開され、一九八〇年代にゴルバチョフによるペレストロイカ（改革）〜グラスノスチ（情報公開）が実行に移されて初めて、ロシアに宗教が復活したのであった。

　ソ連時代には、キリスト教徒だけではなく、イスラム教徒も弾圧されてきたが、現在の人口が一億四〇〇〇万のロシア国内で、イスラム教徒は統計上一三〇〇万人以上でほぼ一割を占めるが、実数は二〇〇〇万人とも言われる。ペレストロイカによって宗教が解放された結果、特にカスピ海に流れこむヴォルガ川を北上したところにある自治共和国タタールスタンでは、ソ連時代にイスラム教のモスクは一八しかなかったが、ソ連崩壊後の一九九八年に首都カザンにロシア・イスラム大学が創立され、二〇〇二年にはモスクが一〇〇〇を超えるまでに増えたのである。

「ソ連からの独立」を求めて決起したチェチェン紛争では、このロシア・イスラム大学卒業生がロシア軍を攻撃する戦いに続々と参加した。エリツィン大統領と、続くプーチン大統領は、一帯の石油パイプラインがチェチェン独立によって奪われないよう、強硬なチェチェン攻撃を仕掛けるようになり、驚くべきことにレーニン時代のチェーカーの流れをくむ内務省の特殊部隊がイスラム教徒に対する大虐殺を展開し、現在に至るまでロシアの中東イスラム諸国への介入が再燃することになったのである。

新生ロシアの経済大崩壊／クロンシュタット水兵の反乱で資本主義経済〝ネップ〟導入

ロシア革命から三年後の一九二〇年に入ると、四月二五日に、かつてのポーランド王国時代の領土回復を狙うポーランド軍が、ソヴィエトのウクライナ領に侵攻して、ソヴィエト・ポーランド戦争が勃発した。ポーランドを共産主義国に変えようと決断したレーニンの命令で、反撃を開始した赤軍は、六月にはポーランド領内に侵攻してワルシャワを包囲したが、この戦闘は一〇月まで半年も続き、数万人のロシア兵が命を落とした。最後には、ユーゼフ・ピウスツキ麾下《きか》のポーランド軍による機動作戦を受けて、トゥハチェフスキー麾下の赤軍が殲滅の危機に陥って敗走した。こうして一〇月一二日に両国がリガ講和条約に仮調印して、ポーランドがウクライナ西部と、現・ベラルーシ西部を併合したのである（正式調印は翌一九二一年三月一八日）。ロシアはほぼ四〇〇〇万人の住民を持つ西側の領土を失い、三〇〇〇万ルーブルの損害賠償金も支払わなければならなかった。

こうしてレーニンの社会主義国家確立という目論見は、次々と大きく崩れ、白軍やポーランド軍やソヴィエト干渉軍との戦いに備えてとらざるを得なかった「戦時共産主義政策」のため、ソヴィエト国内の経済はガタガタに崩壊しはじめた。内戦のために赤軍に膨大な数の工場労働者が徴兵され、革命後三年間のうちに、都市部に著しい人口減少が起こった。最大の工業都市ペトログラードで五七％、モスクワで四四％という人口が失われ、ロシアの工業生産は第一次世界大戦前のわずか一四％にまで落ちこみ、さらに、農民を弾圧したため農村が荒廃し、穀物生産も半分に減少した。

その結果、都市では食糧と燃料が欠乏し、工場労働者にはごくわずかのパンしか配給されず、飢えに苦しむ都市住民が食糧を求めて向かった農村では、農具と衣料が不足し、ソヴィエト革命政府を支えるべき労働者と農民が、どん底の生活を強いられるようになった。特に、戦時中におこなわれた農産物の徴発制度によって食糧を奪われ、貧困の地獄に落とされた農民は、やり場のない不満を抱いて、ボリシェヴィキ政府に対して再び農民一揆を起こしはじめていた。

翌一九二一年に、ヨーロッパ諸国によるソヴィエト干渉戦争が完全に終ると、ようやくソヴィエト・ロシアが社会主義国家として確立される兆しが見えた。ロシアは蒙古（モンゴル）やペルシャ（イラン）、アフガニスタンに進出し、三月一六日にイギリスと、五月六日にドイツと、さらにイタリアなどヨーロッパ諸国と通商協定を結んで、新生ロシアがスタートしようとした。

ところがその直前、一九二一年二月二八日〜三月一七日にかけて、ペトログラードに近く、フィンランド湾に浮かぶコトリン島で、バルチック艦隊の軍港があるクロンシュタット要塞の水兵が「戦時共産主義」に反対して、大反乱を起こしたのである。彼らは、ボリシェヴィキが自分の家族から最後の穀物と家畜を奪っていることを知らされて激怒しており、四日前にペトログラードの工場ストライキが起こった時、二五〇〇人以上の労働者に銃撃が加えられたことに衝撃を受けて蜂起し、「商業の自由と、社会主義諸政党の合法化と、共産主義者ナシのソヴィエト」というスローガンを掲げていたのだ。

そこで、クロンシュタットに五万人の赤軍が派遣され、戦艦ペトロパヴロフスク号だけで一六七人の水兵が銃殺され、クロンシュタットの対岸でも一四〇〇人が銃殺されたのである。反乱水兵の主張は、ここまでレーニンが言ってきたような、「革命の成功をさまたげる自由と平等と民主主義は認めない」という身勝手な主張がガラガラと崩れたことを示していた。かくして、共産党による革命的一党独裁が成立していたと思いこんでいた現状に疑問が湧き上がり、ボリシェヴィキ内部でも、「このままの強権的な共産主義でよいのか」という議論が巻き起こった。

トロツキーはむしろ戦時共産主義を一層強化すべきだと考えていたが、レーニンは、それまで革命の英雄であったクロンシュタット水兵の反乱を見て独裁政治の敗北を悟ると、政策の転換が必要だと認め、「労働者と農民の同盟を強化するためには、農民に譲歩して、自由市場を復活させ、資本主義に近づけることが必要である」と判断せざるを得なかった。

この反乱勃発直後の一九二一年三月八日～一六日に、第一〇回ロシア共産党大会が開催されると、レーニンが提唱する「新経済政策（ネップ）（Novaya Ekonomicheskaya Politika——NEP）」案が満場一致で採択されたのである。クロンシュタットの反乱中に開かれたこの党大会で、「資本主義をめざす政策」への一大転換が打ち出されたのだ。一方の手で大量の水兵を殺して反乱を鎮圧しながら、しかしもう一方の手で、その水兵たちが要求していた通り、農産物を強制的に徴発する農業制度の改善などを決議したのである。この路線変更によって、戦時共産主義政策を廃止し、十月革命直後にソヴィエト政府がとっていた初期の政策に復帰することが決定された。

すなわち、「農産物の徴発制度を廃止」し、農民が一定の現物税を支払ったのちに、「余剰農産物を売買できる」ようにするための自由市場を開設する。そして、「個人商業を復活」させ、再び「貨幣経済に戻し」て、「中小企業も昔の所有者に返還」し、資本主義的な活動が許されることになった。かくしてロシア人民に自由を与え、さまざまの文化を許容し、これまで家畜の最後の一匹まで供出させられてきた九〇〇〇万人の農民は、穀物や家畜の徴発から逃れて自由販売を許される。このように説明されたのである。また「国営化された企業にも、独立採算制が採用された」ため、国営企業が全面的に市場経済の荒波を受けるようになった。首都モスクワには人が戻りはじめ、東ヨーロッパの商業中心地としての活気を甦らせるようになった。

ところがこのネップは、農民からみれば食糧徴発から現物税に移行しただけで、農民が飢餓状態の棄民であることに変化はなく、そこに旱魃《かんばつ》が襲いかかって食糧危機はさらに悪化した。またそれまでソヴィエト政府の国有化政策を任され、肥大し続けたマンモス官僚機構に対して、大打撃を与えることになった。この官僚たちは、自分に与えられたポストに坐っているだけで、上から言われるまま、それを下に命じて、ソヴィエト全土の利権を独占的にコントロールすることができ、同時に、特別待遇のチケットを持って、そこから個人的な甘い蜜をたっぷり吸い上げることができた。ところがネップで、いきなり激変する市場経済に投げこまれると、共産党員の多くはその変化についてゆけなかったからである。

そもそもロシアに真の工業を発展させ、農民に文化を与え、国民が貯蓄できるようになることを夢見て革命を起こしたレーニンは、この時、自分自身が生み育てた彼らマンモス官僚機構を改革するため、在野の人材の投入が必要であることに気づき、使い物にならない官僚に代って、外部から専門家と学者を登用するように提言した。また産業界では昔の経営者が、続々と復帰しはじめた。その苦境にあるロシアを助けたのは、外国であった。

特に第一次世界大戦後、世界中で群を抜いて経済成長が進んだアメリカは、ロシアに捕らわれているアメリカ人を釈放するという交換条件を出して、援助を申し出た。ロシアで三〇〇万人の餓死者を出したこの一九二一年には、七月にアメリカ商務長官ハーバート・フーヴァー（のちの大統領）が、飢餓救済のためにロシアに対して食糧援助をおこなうことを決定し、一九二三年まで莫大な救援物資を送り、これによって、飢饉が深刻なヴォルガ地方だけで二三〇〇万人が救われた。実は、フーヴァー長官はロシア革命が起こる前に、アメリカ人としてロシアにウラルの銅鉱山など、広大な利権を持っていた反共主義者の鉱山師であり、その利権を取り戻すことに援助の目的があった。レーニンは、内心でそれを察知しながら受け入れた。

第一次世界大戦後の地球上は、すでに資本主義が席捲する時期に入っていたため、その中で孤立していた共産主義国ロシアは、新たな技術の輸入を外国に求めざるを得なくなり、そのためには外国との貿易の促進が求められた。一方、イギリスなどの戦勝国でも、戦後に購買力が著しく減退し、ヨーロッパでは復員軍人が大量に帰国したことによって、数百万人もの失業者であふれかえっていた。そこで彼ら資本主義国も、地球の陸土の六分の一の面積と一億六〇〇〇万の人口をかかえるロシアの市場を無視できず、「新経済政策ネップによってソヴィエトが資本主義に回帰した」として、事実上その存在を承認し、「内政不干渉、私有財産の尊重、外国資本の保障」を条件として、ソヴィエトとの国交回復をはかることになった。イギリスでさえも、共産主義者の破壊行為をやめさせるために、国交回復を検討し、一九二一年三月一六日に英ソ通商協定が調印されたのである。

さらに翌年の一九二二年四月一六日、敗戦国ドイツとソヴィエト政府がラパロ条約に調印して全世界を驚かせた。前年に就任したドイツのヴァルター・ラーテナウ外相（大手電機メーカーAEG社長のユダヤ人）が共産主義国と締結したこの条約は、相互に戦争賠償を放棄し、ソヴィエト政府が没収した財産についても損害賠償の請求権を放棄することを定めたのである。

ドイツに出し抜かれて驚いた連合国は、「ヴェルサイユ条約違反だ」とドイツに対して厳重な抗議をおこなったが、もはや手遅れであった。こうした表面的な国交回復ばかりではなく、ソ連の外交官でトロツキーの右腕となり、西ヨーロッパのプロパガンダを担当してきたユダヤ人カール・ラデックがドイツとの軍事交流を推進したのである。その結果、ひそかにドイツ軍将校がロシアに赴いて、遅れているソ連の軍人にドイツの高度な戦略・

戦術を指導する一方、ヴェルサイユ条約によって軍備を制限されていたドイツ軍に対しては、ソ連の工場でクルップらのドイツ企業が銃砲や戦車などの兵器と弾薬を製造するという秘密軍事協力が両国のあいだにおこなわれたのである。

この独ソの秘密軍事協力体制は、のち一九二六年一二月一六日に、ドイツ社会民主党議員フィリップ・シャイデマン元首相が議会で「ラパロ条約に基づいてドイツ国防軍がソ連軍と極秘裏に兵器開発などで協力している」と独ソ軍事協力を暴露する演説をおこなって明るみに出され、ヒットラー政権の誕生後に中止されることになったが。

ソヴィエト連邦の誕生でレーニンとスターリンが激突、そしてレーニン死去

その年末の一九二二年一二月三〇日に、ロシアとウクライナ、白ロシア（現・ベラルーシ）、ザカフカス（南コーカサスのアゼルバイジャン、アルメニア、グルジア）の各共和国が、ソヴィエトに統合されて連邦を形成し、ソヴィエト社会主義共和国連邦「ソ連」が成立した！　このうちロシアが人口の七五％以上、領土面積の九〇％を占め、政情不安定だった食糧庫ウクライナが正式にソ連に統合されたが、しかし一〇〇を超える多種多様な民族が寄り合う国家だから、これを一つにまとめることは至難の業であった。

つまりソ連は、とてつもなく広大なユーラシア大陸全体を包み、現在の日本の五九倍という世界一の面積を誇る国家であり、ソ連崩壊後のロシアだけでも日本の四五倍の面積を持っている。そこは、ヨーロッパ的ロシア人と、シルクロード的アジア人が共存する国であり、実に多くの宗教が存在し、多種多様な生活習慣を内包する国だったのである。

そのため、ネップの経済政策が打ち出されて間もなく、レーニンはソ連邦のつくり方と民族問題について、一番の右腕と頼むスターリンと、ことごとく意見が対立しはじめた。というのは、十月革命の翌年から南コーカサスにアゼルバイジャン、アルメニア、グルジアがそれぞれ民族共和国として成立していたが、この三共和国を構成するザカフカス地方を、モスクワの中央集権のもとに支配しようとするソ連政権に対して、一九二二年から地元の独立派から強い反発が起こった。そこでレーニンは、対等の立場で同盟関係を結ぶことによって全体をまとめようとしたが、それに対してスターリンは、独立派を壊滅させてモスクワによる中央統制を強行しようと画策しはじめたからである。

まさにその時期の一九二二年三月二七日〜四月二日にかけて開かれたロシア共産党第一一回大会で、スターリンが共産党「書記長」に選ばれ、共産党中央委員会総会がその書記長ポストに広大な権限を与えることを決定したのである。のち一九九一年にソ連共産党が解散されるまでのほぼ七〇年間、ほかの国における「大統領」や「国家元首の首相」と同列の権限を持ったのが、この書記長職であった（フルシチョフ時代だけは第一書記と称した）。国家元首が書記長とは妙な呼び方に聞こえるかも知れないが、アメリカ合衆国でも、日本語で国務長官や国防長官と呼んでいる「大臣」の肩書きは、英語でSecretary、つまり書記であるから、大統領は書記長である。

翌五月に脳卒中の発作を起こしたレーニンは九月まで動けなくなり、一二月半ばに二度目の発作を起こした。四月四日に書記長に就任したスターリンは、レーニンの再起は不能と見て、党内の有力者でライバルであるトロツキーがレーニンの後継者にならないよう、ジノヴィエフおよびカーメネフと組んで、〝三人組（トロイカ）〟でトロツキーの排除に動きだした。しかしカーメネフは、トロツキーの義弟であるから、複雑な立場に置かれた。

そうした時期の一二月に、スターリンやオルジョニキーゼの中央統制派（中央集権主義者）が、グルジアの独立派に暴力をふるった事件を知らされたレーニンは、抑圧されている少数民族に対して、モスクワ中央政府が弾圧を加えている行為にショックを受け、「スターリンは党書記長になって広大な権限を握ったが、彼がその権限を充分慎重に用いることができるとは確信できない」と、スターリンの独裁を予言し、警告した。

この時、体調がひどく悪化して政治をおこなえなくなっていたレーニンは、「異民族を解放しなければならない」という意志を秘書に口述筆記させ、一九二三年一月四日には〝遺書〟という形で、スターリンを共産党の「書記長の座から解任する」案を記し、スターリンに対する全面的な闘争を開始し、トロツキーと手を組んで反スターリン路線を組み立てようと最後の力をふりしぼった。さらに妻クループスカヤに対してスターリンが暴言を吐いたこともレーニンの怒りを激しくさせる原因となり、スターリンに謝罪を求めた(のちにスターリンの死後、一九五六年にこのレーニン対スターリンの闘争を暴露したのがフルシチョフの秘密報告であった)。

ところがその直後の一九二三年三月に、レーニンは三度目の発作を起こし、倒れて半身不随で会話もできなくなり、完全に沈黙の世界に入ってしまった。こうして〝革命の父〟レーニンの時代が終ると、ジノヴィエフ、カーメネフ、スターリンの三頭政治に入ったとみるまもなく……

翌年一九二四年一月二一日、ロシア革命の主導者レーニンが、脳梗塞により五三歳の若さで死去したのである。レーニンの父も脳出血でほぼ同じ五四歳で死去していたが、革命直後からの激務とレーニン暗殺未遂事件の後遺症が重なって病状を深刻にしたと見られている。

後継者争いは、ただちにレーニンの葬儀からはじまった。遺体は埋葬されず、防腐処理されて生前の姿をとどめたまま目を閉じたレーニンが、モスクワの赤の広場に建設された「レーニン廟《びょう》」に祀られた。そしてこの時から、レーニンが真の英雄にまつりあげられたことは間違いなかった。ボリシェヴィキの宣伝は、ロシアの国外に対しては、美辞麗句をもって共産主義の理想を伝えた。誰もが平等に生きられるという彼らの理想が実現するなら、決してその言葉は誤ったものではなかった。ところが実際に成立したソ連は、弾圧と貧困と飢餓と処刑と殺し合いのほかには何もないと言えるほど混乱し、ボリシェヴィキの権力についての実態も、外国で多くの人が想像するものとはかけ離れたものであった。

しかしレーニンの死が突然、国の中でも外でも〝ソ連の幻想〟を定着させ、それまでロマノフ家のピョートル大帝に因んでペテルブルク～ペトログラードと呼ばれていた大都市が、英雄レーニンを讃えてレニングラードと改称され、すべての栄光がレーニンに帰せられるようになった。レーニンの銅像と記念碑が、彼の死後に、レニングラードその他の都市ばかりでなく、小さな町や村の広場や集会場に次々と建てられていった。レーニン廟は、ロシア人にとって亡き〝ソヴィエト皇帝〟への敬意を表わす巡礼の地となった。

第五章　そして革命は続く……

トロツキー追放、そしてスターリンの独裁はじまる

レーニン死去三日後の一九二四年一月二四日に開かれた全ロシア・ソヴィエト大会では、最高幹部会議長ミハイル・カリーニンがレーニンの死を報告した。一月二七日の全ソ連邦ソヴィエト大会では、共産党書記長ヨシフ・スターリンがレーニンの葬儀で党を代表して名高い弔辞を読みあげ、コミンテルン執行委員会議長グリゴリー・ジノヴィエフ、モスクワ・ソヴィエト議長レフ・カーメネフらの共産党（ボリシェヴィキ）首脳が追悼演説をおこなった。だが、その席に赤軍創設者である軍事大臣（国防人民委員）レフ・トロツキーの姿がなかった。これは体調不良のためグルジアのチフリスで療養中のトロツキーに対して、独裁権力を掌握しようとするスターリンが「ただちにモスクワに帰る必要はない」と伝え、しかも葬儀の日程について嘘を教え、罠にはめたためであった。

ここにプラウダ編集長ニコライ・ブハーリンと、全ソ連国民労働組合会議議長ミハイル・トムスキーと、ソ連人民委員会議議長代理（副首相）アレクセイ・ルイコフが加わって、このブハーリン、ジノヴィエフ、カーメネフ、スターリン、トムスキー、トロツキーの七人が党の最高幹部として「政治局」を構成していた。だが、レーニンの葬儀に参列しなかった（できなかった）トロツキーを、スターリンが激しく非難して孤立さ

せたのである。このあと独裁者スターリンによる粛清時代を生き延びたのは、この最高幹部七人のうち、スターリン当人だけで、ほかの全員が「処刑された」のである。

ちょうどその頃、一九二四年二月一日に、イギリスに史上初めて社会主義的な労働党のラムゼー・マクドナルド内閣が成立していたので、正式にソヴィエト連邦を承認した。二月七日には、イタリアもソ連を承認し、一〇月二八日に、フランスがそれに続いた。ところが一一月七日に、イギリスに保守党の第二次ボールドウィン内閣が成立すると、一一月二一日に、この内閣が英ソ通商協定破棄をソ連に通告して、英ソは再び元の対立関係に戻ってしまった。そして「ザ・トラスト」と呼ばれる反革命組織が、のちにＭＩ６《エムアイシックス》と呼ばれるイギリス海外諜報機関のエージェントをロシアに送りこみながら、白軍の生き残りを利用して、ソ連にクーデターを起こし、帝政ロシアを復活させようとすさまじい活動を開始したのである。

その反革命活動の重要な役割をになったのは、かつて帝政ロシアの第五軍を率いた人物、エフゲニー・ミラー将軍であった。ミラー将軍の義理の伯父が、帝政時代の「国立銀行の頭取」スティーグリッツ男爵であり、ロシア革命によってペテルブルクの全財産を奪われた一族が、復讐の秘密活動をソ連国内で開始したのである。

そうとも知らずに、この一九二四年に、グルジア（現ジョージア）出身のスターリンがソ連内での権力を確立したのである。〝グルジアの四つ葉のクローバー〟と呼ばれたのが、ロシア革命後の世界を動かしたスターリン、オルジョニキーゼ、エヌキーゼ、アリルーエフの四人であり、秘密警察長官のベリヤもグルジア出身であった。かつてグルジアには王室が存在し、彼らは一九二一年に共産主義者ボリシェヴィキと戦火を交え、スペインに逃れて生き延びてきた。そして、グルジア王女レオニーダが一九四八年にロマノフ家に嫁いでロマノフ王朝の再興をはかり、男子は自らの血統書を掲げながら、グルジア王室を復活させようとしはじめた（二三四〜二三五頁の系図3の上部）。そのグルジア王室が、ロシア革命前後の時代には、地元のバクー油田に対して大きな権力を誇っていたのである。

以上が、ロシア南部の主人公たちであった。モスクワではスターリンが粛清に次ぐ粛清で内部抗争にうち勝って、スターリンの独裁がいよいよスタートしてゆこうとしていた。トロツキーを指導者と仰ぐ左翼合同を、スターリンが壊滅させる戦いがくり広げられたのである。ユダヤ人トロツキーと、その義弟カーメネフたちは、党から完全に排除され、やがて順次スターリンの指一本の動きでこの世から消されてゆく運命にあった。

カガノヴィッチによる粛清

翌一九二五年には、スターリンが、自分のポストであるソヴィエト連邦共産党中央委員会書記長に強大な権限を集中し、トロツキーを大臣から解任して閑職に追いやり、レーニンの後継者の地位を確立した。権力者の座をつかんだスターリンは、英雄レーニン関係の遺稿や資料をすべて資料館に集めさせて、自分以外の人間が見られないようにし、亡き〝建国の父〟の権威を独り占めした。

またスターリンは、中央委員会の席を占めたユダヤ人ラーザリ・カガノヴィッチを呼びつけ、カガノヴィッチの郷里ウクライナの党本部が苦境にあることを伝えた。そしておそるべき粛清による再建を命じた。カガノヴィッチは、ウクライナ育ちのニキタ・フルシチョフだけを連れて直ちにウクライナに戻ると、ウクライナ共産党「書記長」の肩書をもって、愛国者を次から次へと闇に葬りはじめた。彼はコサックの大きな村を次々と選んでそっくりシベリアへ移送したり、有能で力のある者ほど自分にとって危険な人物とみなして追放するなど、大粛清を断行したのである。その結果、ソ連の総人口の八割を占める農民の多くがこの犠牲の主人公となり、過酷な税の徴収によって、飢餓のためわずかな期間に二〇〇万以上のウクライナ人が死に追いやられたのである。

さらにカガノヴィッチは、最後まで抵抗を試みたレーニンの未亡人クループスカヤに対して、さまざまな悪しき噂をつくりあげ、モスクワじゅうに流布させた。彼女がそれに激怒しながら苦言を呈すると、スターリンを前にした共産党幹部の面前で「君がいつまでも文句を言うなら、われわれはいつでもほかにレーニンの未亡人をつくれるんだ」という脅迫の言葉を聞かされた。スターリンとカガノヴィッチにとって、死んだレーニンとその未亡人などもはや何の意味もないものであり、ただ〝革命の父レーニン〟の名声だけを充分に利用すればよかったのだ。スターリンは、レーニンが実施した恐怖の独裁政治をそっくり踏襲しはじめた。

続いて一九二五年一〇月一二日に、モスクワでドイツとソ連が通商条約に調印し、一二月一八日に開かれたソ連共産党大会で、スターリンの「一国社会主義理論」を採択して、トロツキーが主張してきた「世界革命による世界社会主義の達成」の理論を公式に打ち砕いた。一二月二一日には、セルゲイ・エイゼンシュテイン監督が共産主義のプロパガンダ映画として一九〇五年の戦艦ポチョムキンの反乱を描いた『戦艦ポチョムキン』を公開して、スターリンの宣伝活動が大々的に展開されるようになった。

翌年、一九二六年一〇月二三日に、ソ連共産党中央委員会がトロツキーを政治局など共産党の要職から追放して、スターリンが主導権争いに完全な勝利をおさめた。

ソ連の第一次五ヶ年計画スタート／ウォール街の株価大暴落

一九二七年五月二六日に、またしてもイギリス議会がソ連との断交を決議して、共産主義国への挑戦を開始した。しかし一二月二～一九日のソ連共産党大会は、スターリンの第一次五ヶ年計画を承認し、トロツキー、ジノヴィエフ、トロツキーの義弟カーメネフたちは、党から完全に排除された。

そして一九二八年一〇月一日に、ソ連がその第一次五ヶ年計画をスタートした。

一九二九年二月九日には、独裁者スターリン麾下《きか》のソ連が、ユダヤ人外務次官マクシム・リトヴィノフの働きによって、ポーランド、ルーマニア、エストニア、ラトビアと不戦条約即時実施に関するリトヴィノフ議定書に調印した。そうした時、六月五日にイギリスで再び労働党のマクドナルド内閣が成立したため、一〇月一日にソ連との国交が回復された。

ところがその直後に、アメリカで一九二九年一〇月二四日にウォール街の株価大暴落、〝暗黒の木曜日〟が襲いかかった。アメリカで失業率が二五％に達し、四人に一人は職がなく、一〇〇〇万人が失業する時代に突入してゆき、全世界に恐慌が広がっていった。その中で、ソ連は工業化を強化する方針を打ち出し、同時に集団経営のもとに農産物の量産を図り、この穀物を輸出した金を、工業化のための資金にあてる計画が打ち出された。一九三一年にソ連を訪れたイギリスのノーベル賞作家バーナード・ショーは、アメリカとヨーロッパの資本主義国が大恐慌に苦しむ中で、ソ連は高い経済成長を達成しているとして、「失業も階級もない理想の国家」と讃えたが、この社会主義作家は恐怖の強制収容所も農村の疲弊も見ていいなかった。

ソ連ではスターリンが、レーニン時代の戦時共産主義体制を復活させ、一九三二年までに、自営の農業が廃止され、集団農場（コルホーズ）と化して、事実上の農奴制が甦ったのである。また、革命直後に誕生していた国営農場（ソフホーズ）は賃金労働者を雇う「社会主義的穀物工場である」と宣伝されたが、小規模農民たちは帝政時代の大規模農地への復帰だと見て、反感を抱いていた。そして農産物の供出を拒否する農民は、シベリアに強制移住となり、事実上の流刑となった。加えて、そこにソ連の利益を食い物にしようとするアメリカとヨーロッパの企業がソ連に乗りこんできて、フォード自動車などが工場建設を支援して、スターリンの政策を支えたのである。

一九三二年一〇月一六日に、イギリスがまたしても英ソ通商協定破棄を通告した。この一九三二年には、ソ連の粛清がウクライナばかりでなく、ロシア南部のコーカサス地方にも大きく広がり、粛清がピークに達した。この年一一月九日、スターリンの第二の妻ナジェージダ・アリルーエワが謎の死を遂げた。明らかに毒殺と思われる周囲の状況だったが、自殺として処理された。

スターリンの最初の妻エカテリーナ・スワニーゼは、彼女の兄弟アレクサンドル・スワニーゼが外国貿易銀行の総裁という要職についたが、彼女が若くして病死したため、スターリンは革命直後に第二の妻ナジェージダ・アリルーエワと結婚していたのである。彼女の父セルゲイはレニングラード電力公社の理事長であり、その息子パヴェルが機甲戦車総局の創設者であった。〝グルジアの四つ葉のクローバー〟の一枚がこのアリルーエフ・ファミリーであった。しかし大粛清の時代に、第二の妻ナジェージダは夫スターリンによる殺人と見られる状況のなかで急死したのだ。

スターリンが身内の者を殺すことさえいとわなかったのは、共産主義どころか、帝政を崇拝していたためであり、ロシア帝国を建国した〝偉大なイワン雷帝〟を自分の目標としていたからであった。彼は、『イワン雷帝』を映画化したエイゼンシュテイン監督に対して、イワン雷帝が権力を握って自分の息子さえ殺す残酷な行為に走ったのは、「ロシアを愛し、ロシアを強い国にしようとする稀にみる偉人だったからだ」と力説したのである。そして、「イワン雷帝の犯した過ちは、封建領主として皇帝のライバルだった五大家族を根絶しなかったことだ」と、おそろしい言葉を吐いたという。

このような妄想にとり憑かれれば、粛清を嫌う妻ナジェージダを殺す行為など、スターリンにとって何でもないことであった。翌一九三三年、スターリンはユダヤ人ラーザリ・カガノヴィッチの妹ローザを第三の妻として迎えたため、このカガノヴィッチがクレムリンでナンバー2の権力者の座についたのである。

ウクライナ大飢饉と共産党幹部に対する大粛清開始

大恐慌時代の一九三三年一一月一七日に、アメリカの新大統領フランクリン・ルーズヴェルトが、ついにソ連を承認した。この一九三二年末から一九三三年にかけての冬に起こったのが、ウクライナの大飢饉という壮大な悲劇であった。死者五〇〇万人以上を数え、同じ時期にカザフでは〝人口の四分の一〟が餓死の運命をたどった。これは、クレムリンの差し向けた部下が、翌年に播《ま》くための種籾《たねもみ》まで、農家から収奪したためにひき起こされた悲劇であり、スターリンがカガノヴィッチに命じてウクライナ人を根絶する計画を実施した結果の人為的飢餓であったことが、のちに明らかにされた。それと同時に、集団農場コルホーズの危機が訪れたが、このような巨大な悲劇でさえ、ソ連が崩壊するまで隠し続けられたのである。それはすべて、カガノヴィッチ・サークルによって生み出された出来事であった。

一九三四年二月一六日に、イギリスの労働党マクドナルド内閣がロンドンでまたしてもソ連と新通商協定に調印した。四月四日には、ソ連がポーランド、バルト諸国との不可侵条約を一〇ヶ年更新することに調印し、着々とソ連の味方を増やしていった。六月九日には、ソ連・ポーランド・ルーマニア間で協定に調印し、相互の国境を保障し、ソ連がルーマニアに対して第一次世界大戦後に獲得したベッサラビアを領有することを承認した。かくして九月一八日に、ついにソ連が国際連盟に加盟して国際的にその存在が認められたのである。

しかし国内では一九三四年一二月一日に、スターリンと並ぶ有力な対抗馬とみなされていたレニングラード・ソヴィエト議長セルゲイ・キーロフが（後年のフルシチョフによればスターリンによって）暗殺され、スターリンの大規模な共産党幹部に対する大粛清の幕が切って落とされた。この事件直後、レニングラードの共産党関係者が一斉に検挙されて、以後、秘密警察のゲンリフ・ヤゴダ、ニコライ・エジョフにより粛清が次々と実行に移され、かつてスターリンと三頭政治をおこなったジノヴィエフ、カーメネフらの反スターリン派の最高幹部がキーロフ暗殺事件の容疑者に仕立て上げられて逮捕されたのだ。

この一九三四年に開催された第一七回共産党大会では、スターリンは書記長ではなく、単なる書記になったが、この時の中央委員候補一三九人のうちほぼ八割の一〇八人が逮捕され、射殺されたという事実を、一九五六年のフルシチョフ秘密報告が明らかにしている。この党大会では、中央委員候補のなかで最も反対票が多かったのが、スターリンとモロトフとカガノヴィッチであり、この三人にとって、そうした不利な立場を逆転できる方法が、粛清のほかになかったことは間違いなかった。この三人が、一九三九年にヒットラーと組んで第二次世界大戦を引き起こした張本人なのである。

キーロフ暗殺事件後の一九三五年から一九四一年のあいだに、逮捕された人間は二〇〇〇万人近くに達し、七〇〇万人以上が銃殺されたことが、ソ連崩壊時代の一九九〇年になって、キーロフ暗殺調査委員会メンバーによって報告されたが、いまだに正確な事実経過は明らかにされていない。こうして一九三五年一月一五日、ソ連でジノヴィエフ、カーメネフらに対する粛清裁判が開かれ、一月一七日に有罪判決が下された。五月二日に、フランスとソ連が五ヶ年の相互援助条約に調印し、七月二五日～八月二〇日にモスクワで第七回コミンテルン大会が開催されると、フランスと相互援助条約を締結したスターリンが、フランスの国防に協力するよう方針を大転換した。ドイツでヒットラーが権勢をふるいはじめたこの時期にあって、反ファシズムのフランス人民戦線への参加を決定したのである（このフランスとソ連の貿易については、のちにくわしく述べる）。

モスクワに世界一の地下鉄完成

この一九三五年五月、当時世界一を誇り、内部が宮殿のように豪華な地下鉄がモスクワに開通した。スターリンは建設指導者を祝って〝カガノヴィッチの地下鉄〟と命名し、続いてカガノヴィッチが生まれ育ったカバニー村は、カガノヴィッチ村と改名されることになった。それほどソ連の工業力を世界に証明する国家的事業が、このモスクワ地下鉄網の成功であった。大々的な祝賀パレードによって、建設指導者カガノヴィッチの名はソ連全土に響きわたった。

ソ連崩壊後の一九九二年、作家のウラジーミル・ゴーニクが調査結果を発表したとき世界が驚いたのは、この市民用の地下鉄のさらに下には、巨大な地下都市が建設され、クレムリン――KGB本部――国防省をつないで深層に地下鉄が走り、三万人の要人が生活できるようになっていたことである。それも、世界一の豪華な地下都市であるという。この建設時期はまだ確証されていないが、〝カガノヴィッチの地下鉄〟のあとに建設された〝フルシチョフの地下鉄と秘密都市〟だと言われている。

しかし、スターリンの甥ブドゥ・スワニーゼが書いた『叔父スターリン』によれば、ロマノフ王朝の時代からクレムリン宮殿の地下には秘密のトンネルがあり、第二次世界大戦中には、スターリンがそれを地下の執務室に改造して使っていた、という記述があるので、すでにその時代から構想がはじまっていたと考えられる。一九三五年の最初の地下鉄の開通式で、祝賀列車に乗ったカガノヴィッチ・ファミリーと並んで、フルシチョフが坐っており、彼もまた地下鉄建設者として「スターリン万歳」と叫んでいた。

パリ万国博覧会のためにパリに地下鉄が開通したのは一九〇〇年だったが、このようにして、モスクワに豪華な地下鉄が完成した時、カガノヴィッチは祝賀式典でこう演説した。

「西側諸国では、交通機関というものが、金持階級のためにある。ところがわれわれは、モスクワの市民のためにこの豪華な地下鉄を完成したのだ」

しかし果たして、地下鉄の下に用意された三万人の秘密都市とは、誰のためのものであったのか。勿論、モスクワ市民の避難所ではなかっただろう。フルシチョフ、モロトフ、ミコヤン、ベリヤたちを擁するカガノヴィッチ・サークルが頂点におし立てたのは独裁者スターリンであった。またそのスターリン自身が選んだ〝忠実に命令を聞く部下〟は、彼らであった。ところがそのサークルに、やがて四分五裂する運命が待ち受けていた。彼らが求めていたもの、それが平等な共産主義社会どころか、それぞれの欲望と野望にすぎなかったからである。

翌年一九三六年八月一九日、「共産党幹部の暗殺を実行するためにトロツキスト・ジノヴィエフ派の合同本部がモスクワに組織され、その本部がキーロフ暗殺を企てた」として、嫌疑者に仕立て上げられたジノヴィエフ、カーメネフらの「合同本部事件」と称するでっちあげ事件の陰謀公判が開始された。この裁判では、一六人が死刑判決を受け、なんと一九一七年の十月革命前にジノヴィエフとカーメネフが「レーニンが求めた即時の武装蜂起に反対した」事実が蒸し返された。

「反革命の裏切り者」として死刑を宣告された二人は、嘆願すれば減刑してやるとスターリンが約束した言葉を真に受けて、〝プロレタリア革命に対する裏切りを反省する助命の嘆願書〟を書いた。ところがスターリンは、それを罪状の証拠として嘆願を却下し、八月二五日に二人は銃殺で処刑された。

続いて翌年一九三七年一月二三〜三〇日には、トロツキーらの並行本部で反革命の陰謀が企てられ、ドイツ諜報機関の手先として働いていたなどとして、一七人に対する「並行本部事件」の公判が開始され、六月一二日には、赤軍育ての親であるロマノフ王朝の貴族ファミリー、参謀総長トゥハチェフスキーら赤軍首脳を軍法会議の判決で処刑した。

一九三七年二月〜一九三八年一一月のあいだに、スターリン、モロトフ、カガノヴィッチの三人の命令によって粛清された人間は、三万八〇〇〇人に達し、そのなかには共産党機関紙〝プラウダ〟編集長だったニコライ・ブハーリンを含めて中央委員会の幹部多数が含まれ、この時期の逮捕者が一五〇万人、銃殺処刑者が六八万人とされている。

同じ時期に、スターリンを支えてきたグルジアの親友オルジョニキーゼも処刑されたが、自殺として処理された。トロツキーは、かつてのボリシェヴィキ同志たちがこうして大量に粛清されるなか、フランス、ノルウェー、メキシコへと逃げ延びていたが、第二次世界大戦中の一九四〇年八月二一日には、彼もメキシコでスターリンが遣わした秘密警察（ＫＧＢの前身）の職員によって暗殺された。

第六章　バクー油田の権益と、フランスとの密約貿易

バクー油田の権益はどうなったか

思い返せば、レーニンが、トロツキーが、スターリンが、民衆に倒すべき標的を教えることによって、一九一七年のロシア十月革命が成し遂げられた。その時、標的としたのは、まさしく一群のブルジョワジーであった。ロシア革命は、起こるべくして起こった民衆蜂起の勝利であったと見えた。しかし、革命家グループが手に入れようと望んだものの中には、実はバクーの油田がもたらす莫大な富と財宝があった。後年のナチスによるソ連侵攻作戦も、やはり最大の目的地がバクー油田にあった。つまり問題は、ロシア革命後のバクー油田であった。その権益がどうなったかを、革命直後から見てゆこう。

バクーは、現在ではアゼルバイジャン共和国の領土内にあるが、ロシア革命当時は、南部のロシア領内にあるカスピ海に面した都市で、バクーのすぐ南には、ペルシャ(イラン)があった。カスピ海は内海なので、石油の積み出しは、陸路で北西のグルジアを通って近くの黒海まで運べば、そこからトルコ領のボスポラス海峡を通って、地中海まで輸送できる位置にあった。帝政ロシアがトルコと戦争した目的は、この輸送路の確保にあった。

一八七五年にノーベル兄弟がロシアの石油地帯バクーに進出して製油所を建設し、一八

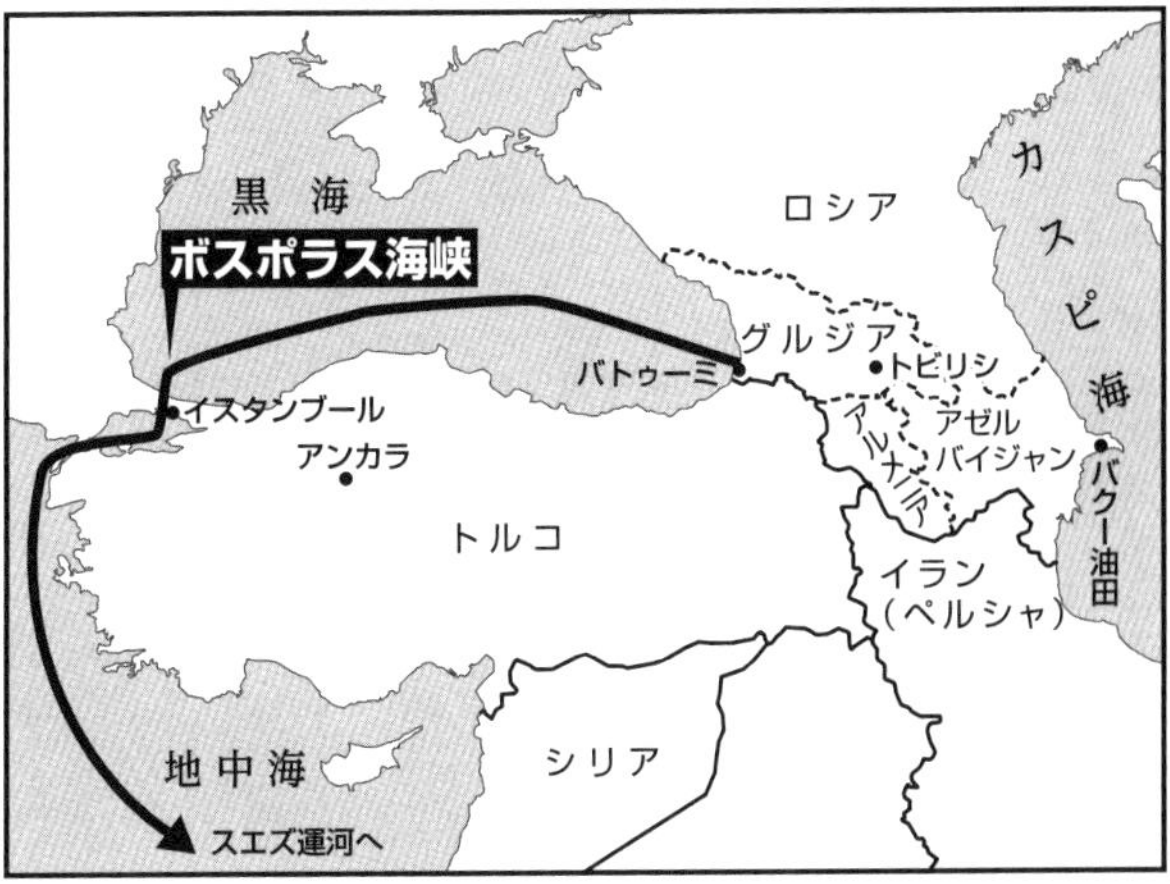

右端のバクー油田からの原油輸送路

八三年にロスチャイルド家がカスピ海黒海石油会社を設立して、ロシア原油の最大の輸出業者となった時が、当時「世界最大の油田」バクーに権益が発生した濫觴《らんしょう》であった。

先に述べた通り、ソヴィエト政権が成立した次の年、一九一八年三月三日に、ロシア革命政府ソヴィエトがドイツ・オーストリア側とブレスト・リトフスク講和条約に調印し、フィンランド、ポーランド、バルト地方を失ったほか、六〇億マルクの賠償金を支払うことになった。そこで翌四月に、革命軍のボリシェヴィキは、油田の資金を活かそうと、遠いバクー市に〝人民会議〟という組織を強制的に創りあげ、モスクワの息がかかった二六人のメンバーで行政をおこなうよう命じた。

このバクーの人民会議を組織したのが、バクー市のあるアゼルバイジャンに隣接するアルメニア出身のアナスタス・ミコヤンで、さらにグルジア出身のスターリンも、うしろから強力な支援を送り、バクーを最大の決戦場としてボリシェヴィキを動かした。

この油田の権益に、革命家の欲望と夢があったからだ。ところがアゼルバイジャン民族政府軍が蜂起したので、レーニンが「バクーの町を焼きつくす準備をしろ」と命じたが、七月に入ると両軍が激しい戦闘に突入していった。そしてにわか仕立てのボリシェヴィキの「赤軍」は、あえなく敗退してしまったのである。

このとき、勝利を手にしたアゼルバイジャン政府が頼みにしたのは、原油輸送ルートのスエズ運河を支配するロスチャイルド財閥を通じてバクーの石油に浅からぬ利害関係を持つイギリスであり、ボリシェヴィキの反撃に備えて、ただちにイギリスに援軍を要請した。それに応え、喜んでバクーにかけつけたのが、ロスチャイルド財閥の縁戚にあたるイギリス人ライオネル・ダンスターヴィル将軍であった。彼の率いる連隊が南のペルシャ（イラン）から侵入すると、たちまちバクー市を占領し、ボリシェヴィキの幹部全員を逮捕してしまったのである。油田オーナー一族が示し合わせての軍事占領であった。ところがそのバクー市に、イギリスにとって最もおそれる新しい強敵トルコ軍が西から進軍してきた。

この時は、まだ第一次世界大戦が続いていたのである。

遠い紅海のアカバなど中東では、〝アラビアのロレンス〟の奇襲作戦やアレンビー将軍の軍団がトルコ軍を打ち破ったが、ここバクーでは地の利を活かす圧倒的なトルコ軍に対して、初めからイギリスに勝ち目はなく、ダンスターヴィル将軍は撤退するほかなかった。その時、不思議なことが起こった。ソヴィエトのミコヤンとイギリス軍が手を組んで、ボリシェヴィキの幹部を釈放しながら逃げ出してしまったのだ。つまり資本主義者と共産主義者が一緒に逃げたのである。

続いて、一九一八年一一月の第一次世界大戦の終結後、バクーの支配者は次々と交代していった。敗戦国トルコに代って、再びイギリス……続いてアゼルバイジャンの独立によってイギリス撤退、と。

しかし翌一九一九年に入ると、モスクワの新政権がバクーの石油権益を黙って見てはいなかった。一度は敗れたミコヤン、ベリヤ、オルジョニキーゼ、キーロフたちの策動がはじまり、翌年一九二〇年四月にボリシェヴィキの再度の突撃が敢行されたのである。赤軍の兵士がここでくり広げたバクーの大量虐殺と、多くの婦女に対する強姦は、クロンシュタットの反乱鎮圧事件とともに、ロシア革命史上でも最もおそろしい記録として残されている。秘密警察チェーカー（ＫＧＢの前身）の部隊も登場し、貧しい階級の出であるグルジア人の指揮官オルジョニキーゼの憎悪がブルジョワジーに向かった結末は、凄惨なものであった。いや、オルジョニキーゼと虐殺との関係は、数々の書物でそのように伝えられてきた。ところがベルリンの壁が崩壊した一九八九年に〝末期のソ連〟で発刊された『ソ連人名辞典』（A Biographical Dictionary of the Soviet Union 1917-1988——K. G. Saur 社刊）によると、この大虐殺を指揮したオルジョニキーゼは貧しい階級の出ではなく、貴族の出であったと書かれている。秘密警察チェーカーを創設したフェリックス・ジェルジンスキーも、ポーランドの貴族であった。

当時のロシア革命政府にとってもうひとりの重要人物が、この混乱時代に登場した。それは先に述べた通り、即製の兵隊集団をプロの赤軍に育てあげた男、ミハイル・トゥハチェフスキーであった。一九二一年、チェーカーの粛清に怒りの声をあげた前述のクロンシュタットの水兵が反乱を起こした時、この水兵たちを〝水辺のアヒルのように〟殺したのが、かつて帝政ロシアの将校で、ロシア貴族の系譜書に一族が記載されている赤軍司令官トゥハチェフスキーであり、彼もまたロマノフ王朝の貴族ファミリーであった。

つまりロシア革命は、ロシアから貴族を一掃したのではなかった。数を調べてみればすぐに分るが、桁違いの膨大な人数が粛清されたのは、大部分が農民であり、ロシア貴族の多くは家財をもってフランスやドイツなど西ヨーロッパへ逃亡してしまったのだ。革命政府は彼らを殺すどころか、第一次世界大戦……白軍との戦い……クロンシュタットの反乱……ウクライナの抵抗鎮圧……ポーランド戦争……バクーの争奪戦などで一刻も休まる暇がなく、自分の足許のほうがよほど危なかったため、国内にいる貴族を選んで殺す余裕などはほとんどなかった。ロマノフ家の最後の皇帝ニコライ二世が退位したのち、一家全員がエカチェリンブルクで処刑された事件は、単なる「帝政消滅の象徴的現象」でしかなかった。ボリシェヴィキがロマノフ王朝の根絶を望んでいたのは確かだが、内戦のなかで、懐に大金を持つ貴族たちは充分な余裕をもって脱出でき、またトゥハチェフスキーのように、革命後に愛国心から革命政府に参加した者もかなりの数あった。一方で革命政府が求めた人材も、「階級闘争」どころか、かつてロシアを支配した経験豊かな貴族階級の知識人であった。

バクーをめぐる国際的人脈

さてこれからは、「バクー油田とスエズ運河の支配者」の系図（二三四～二三五頁）を

María Mesia
José Eugenio Wittelsbach
Mercedes Wittelsbach
Irakli Bagration-M
Maria Antonietta Pasquini
Leonida Bagrationa-M
★⑮ウラジーミル大公
Vladimir Romanov
Irina Romanovna
Fyodor Romanov
Nikita Romanov
Mariya Vorontsova-D

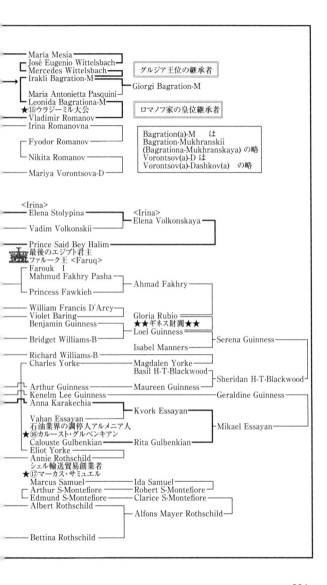

グルジア王位の継承者

Giorgi Bagration-M

ロマノフ家の皇位継承者

Bagration(a)-M は
Bagration-Mukhranskii
(Bagrationa-Mukhranskaya) の略
Vorontsov(a)-D は
Vorontsov(a)-Dashkov(a) の略

<Irina>
Elena Stolypina
Vadim Volkonskii
<Irina>
Elena Volkonskaya
Prince Said Bey Halim
最後のエジプト君主
ファルーク王 <Faruq>
Farouk Ⅰ
Mahmud Fakhry Pasha
Princess Fawkieh
Ahmad Fakhry
William Francis D'Arcy
Violet Baring
Benjamin Guinness
Bridget Williams-B
Gloria Rubio
★★ギネス財閥★★
Loel Guinness
Isabel Manners
Serena Guinness
Richard Williams-B
Charles Yorke
Magdalen Yorke
Basil H-T-Blackwood
Sheridan H-T-Blackwood
Arthur Guinness
Maureen Guinness
Kenelm Lee Guinness
Geraldine Guinness
Anna Karakechia
Kvork Essayan
Vahan Essayan
Mikael Essayan
石油業界の調停人アルメニア人
★⑯カルースト・グルベンキアン
Calouste Gulbenkian
Rita Gulbenkian
Eliot Yorke
Annie Rothschild
シェル輸送貿易創業者
★⑰マーカス・サミュエル
Marcus Samuel
Ida Samuel
Arthur S-Montefiore
Robert S-Montefiore
Edmund S-Montefiore
Clarice S-Montefiore
Albert Rothschild
Alfons Mayer Rothschild
Bettina Rothschild

系図3 バクー油田とスエズ運河の支配者

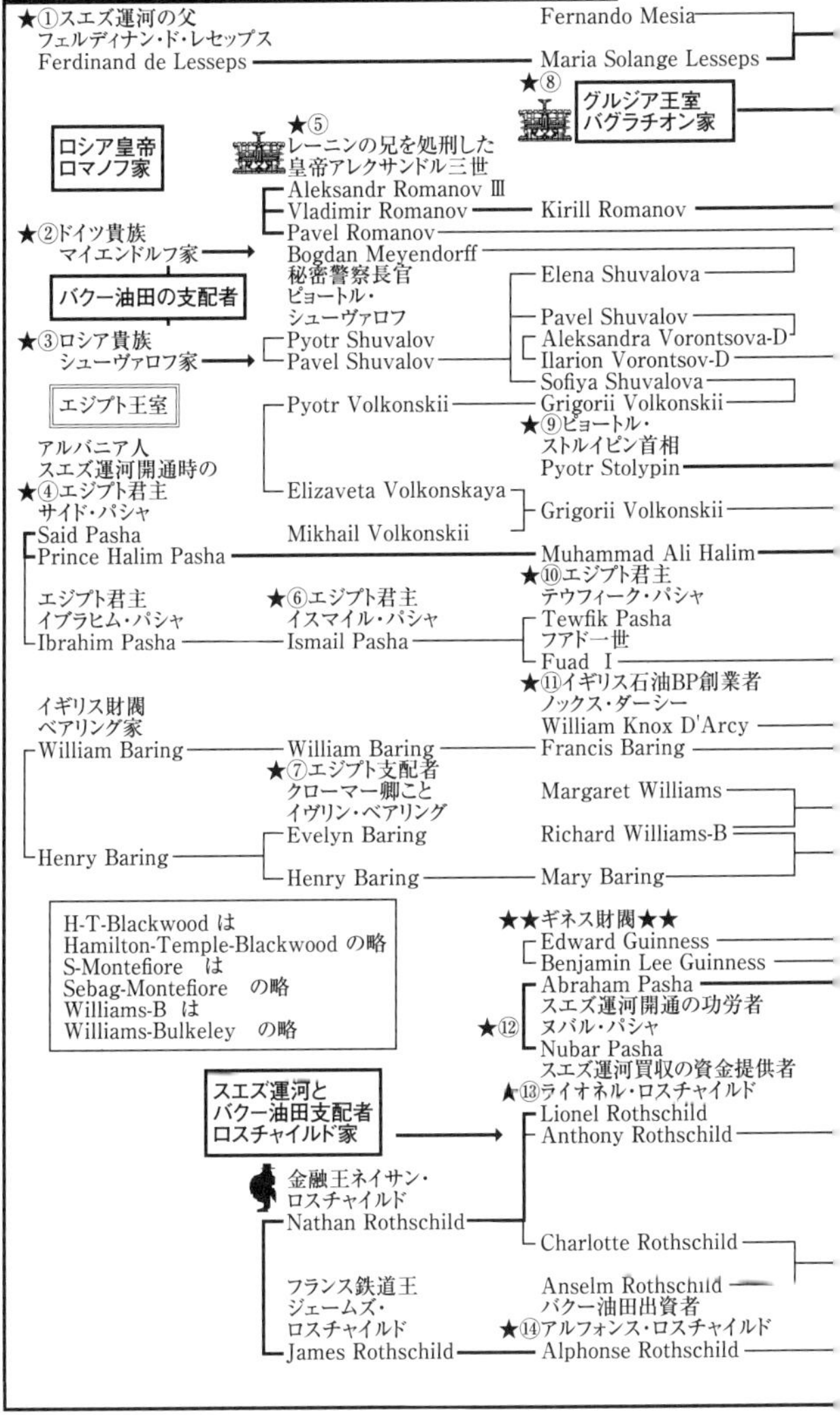

示してから、この系図に登場する人物たちが何をしたかを説明することにしよう。この大きな系図は、全員がつながったひとつの国際的ファミリーである。そしてこれから登場する重要人物は、系図の左上の「スエズ運河の父レセップス」を★①として、下に向かって★②、★③、★④……と番号をふってあり、次いで順次右の世代に移って同様に下に向かって番号がふってあるので、これを参照番号として、以下の文章をお読みいただきたい。

スターリンの娘スヴェトラーナ・アリルーエワがアメリカへ亡命して書いた『スベトラーナ回想録』（新潮社、江川卓訳）には、次のような一節がある（原文ママ）。――わたしが幼年時代を過した明るく楽しい家は、以前は、バトゥームの石油事業家ズバロフ二世の持家だった。彼と、その父の老ズバロフは、ブラヴィーハに領地をもつマインドルフの親戚筋にあたっていた……ズバロフ父子はバトゥームとバクーに精油工場を持っていた。わたしの父（スターリン）やミコヤンは一九〇〇年代に、ほかでもないこの工場でストライキを組織し、サークル活動をおこなったおかげで、この名前を昔から知っていた。……ミコヤンの別荘では、いまでもすべての様子が、亡命したかつての持主が残していったままに保たれている――

この文章をスヴェトラーナが書いたのは一九六三年、フルシチョフ全盛時代とされている。『スベトラーナ回想録』は、アメリカで出版されたため、名前については実際の原語と異なる表記になっている。同書に登場する地名のバトゥームが、スターリンを生んだグルジアの石油積み出し港バトゥーミで、人名のマインドルフがドイツ貴族マイエンドルフ(Meyendorff)★②で、ズバロフがロシア貴族シューヴァロフ(Shuvalov)★③である。

スヴェトラーナが書いている「父スターリンがストライキを組織した工場」というのは、正確には「ロスチャイルド工場」であった。ダイナマイト一族のノーベル兄弟が権益を確保したバクー油田は、一八八三年からフランスのロスチャイルド財閥の手で石油の販売が開始され、バクーと黒海のバトゥーミまで鉄道が敷設される大事業に踏み出していた。当時フランスのアルフォンス・ロスチャイルド★⑭は、世界最大のユダヤ財閥の中心人物であり、パリ・ロスチャイルド銀行の総帥として、バクー油田に資金を投入していた。ユダヤ人に対するポグロムに激しく怒ってロシア皇帝と訣別したはずのフランス銀行の理事アルフォンス・ロスチャイルドだったが、ロシアの事業は別の問題と考え、バクーの利権はすべて一族が握って手放すことがなかった。ロマノフ家とロスチャイルド家は、先に示した系図2(九六~九七頁)にあるように、近親関係だったからである。

ロシア革命後は、バクーの油田は一時ボリシェヴィキによって占領され、それまでの資本家は追放されてしまったが、そのままの喧嘩状態では石油が死んでしまい、「ボリシェヴィキにとっても資本家にとっても益にならない」と説いたのが、先に登場した〝赤線協定〟を取り仕切った石油業界の調停人、アルメニア人カルースト・グルベンキアン★⑯であった（彼の利権については、のちにくわしく述べる）。最後にはグルベンキアンの仲介で、ロスチャイルド財閥の「ロイヤル・ダッチ・シェル石油」が共産主義国から石油を購入しはじめ、新しい国際貿易が成功する日を迎えることになったのである。

ロスチャイルド一族のユダヤ人マーカス・サミュエル★⑰が興したシェル輸送貿易の船は、貝ガラの印をシンボル・マークとして、バクー油田からグルジアを経て黒海に運び出された原油を積んで、ボスポラス海峡を抜け、地中海に乗り出していった。そこから先の航路では、ひとつが西に向かってイタリアで石油を陸揚げし、ヨーロッパ全土に販売網を広げることに成功した。もうひとつの航路は、南下してエジプトに向かい、スエズ運河を抜けてインド洋から東方、日本にまで達する大航海となった。したがって、バクーの石油産業にとって輸送路の生命線となったのが、エジプトのスエズ運河であった。

一八六九年にスエズ運河を開通させたのは、フランス人フェルディナン・ド・レセップス★①だったが、レセップスの近親者がほかならぬ、バクーから黒海のバトゥーミ港までの鉄道輸送を監督する、現地グルジア王室★⑧であり、この王室はロシア皇帝ロマノフ家★⑤／★⑮の一族でもあった。レセップスの孫娘とグルジア王室は、義兄弟という関係だったのである。一方、スエズ運河を建設した時のエジプト君主サイド・パシャ★④は、レセップスにスエズ運河の開掘権を与えただけでなく、自らスエズ運河会社の株三分の一を握って巨財を成した。しかしエジプト王室とは名ばかりで、彼ら★⑥／★⑩はエジプト人ではなく、バルカン半島のアルバニア出身であり、系図3の二ヶ所に登場する★★ギネス財閥★★ら全ヨーロッパ・ロシアの支配者と大閨閥を形成していた。そしてスターリンの娘スヴェトラーナが書いたバクーのロシア貴族シューヴァロフ家★③の閨閥には、帝政ロシア時代に秘密警察長官をつとめて、民衆を絞首台に送ったストルイピン首相★⑨も入っていたのである。

一八七五年に、スエズ運河の支配権を、イギリスのライオネル・ロスチャイルド★⑬が提供した資金によってイングランド銀行が買い取り、その結果、エジプト人の怒りが爆発して反英暴動が起こった。すると、現地のイギリス総領事クローマー卿（イヴリン・ベアリング）★⑦が軍隊を出動させて、エジプト人を犬のように殺しながら、この暴動をよい機会にと、完全な軍事支配を確立してしまったのである。さらにこの紛争に乗じて、スエズ運河から紅海を抜け、インド洋に至るまでの沿岸地域をイギリスがすべて植民地に変えてしまった。また、スエズ運河の開通に尽力したヌバル・パシャ★⑫は、エジプトの工業大臣から首相の座にのぼりつめ、アルメニアの石油王グルベンキアン★⑯と閨閥をつくった。そしてイギリス石油ＢＰ創業者ノックス・ダーシー★⑪たち、大英帝国の石油人脈によって、結局ドイツは「イギリスとの不平等協定」を結ばされ、中東の石油利権が二五％にとどまって怒りを爆発させ、第一次世界大戦の最大の原因がそこにあった、と言われる事態に発展したのであった。

こうした歴史を持つバクー油田がトロツキーの赤軍によって完全に制圧されたのは一九二〇年であった。この時には、そこにあった利権者の姿は一掃されていた。グルベンキアンの僚友としてバクー油田に支配権を持っていた者たちはパリへ逃れ、製油所を経営していたシューヴァロフの邸宅も、やがてミコヤンの別荘（ダーチャ）になる運命にあった。グルジア王室はスペインへ逃れ、誰も彼もいなくなってしまった。では、石油はどうなったのか？

黒海のバトゥーミから積み出したところで、西側からの買い手は誰もいなかった。一九二二年九月には、ヨーロッパ諸国とアメリカによって、共産主義国ロシアのバクー油田からの石油をボイコットする反共政策がとられ、ソヴィエト政権が苦境に立たされた。ロシアには一滴の油も売れない大油田があるばかりだった。スエズ運河も、ボリシェヴィキの敵ロスチャイルド家の私有物であった。そこでレーニンが打ち出した新経済政策ネップは、全世界に頭を下げて「買って下さい」と頼む政策となり、一九二三年には、ロスチャイルド財閥の「シェル」がアメリカ・ヨーロッパ協定を破ってソ連から石油を購入しはじめた。レーニンは、この大油田地帯の利権を供与するという決断を下したが、やがてそれ以上のことが、レーニンが死んだあと、ソ連に起こりはじめた。

バクー油田の利権者が復活した

一九二七年にスターリンが打ち出した工業化のための〝五ヶ年計画〟が、翌一九二八年にスタートすると、過去に革命家たちが自らの手で葬ったはずの国際人脈「バクー油田の利権者」を、すっかり甦らせることになったのである。彼らが足音もたてずにバクーに帰ってきたのだ。また、五ヶ年計画の工業化に必要な鉄を輸入するために、ソ連は莫大な資金が必要となり、レニングラード（ペトログラード）のエルミタージュ美術館からは至宝が秘かに、しかも次々と売りに出され、全世界の財閥の手に落ちていった。

この一九二八年にイギリス・アメリカ・フランス・オランダが、第一次世界大戦で敗北した旧オスマン帝国の中東石油利権を、勝手に分割することを取り決める世紀の密約〝赤線協定〟が結ばれ、その協定の調停人として〝五%の石油利権を獲得した〟のがグルベンキアン★⑯だったので、彼がすでにボリシェヴィキと接触しはじめていた。そして石油の販売のためにボリシェヴィキに手を貸す代償として、彼はエルミタージュの美術品を売りに出すよう要求した。その取引きが成立して、彼のコレクションに堂々とエルミタージュの美術品が並んだ。後年、ポルトガルの首都リスボンに設立されたグルベンキアン財団が持つ資産は、小さな国家よりはるかに巨大と言われたが、彼が〝赤線協定〟で獲得した原油利権地帯にあるイラクのモスル油田の推定埋蔵量は八〇億バレルであった。石油八〇億バレルの〝五%〟は四億バレルなので、近年の原油価格一バレル五〇ドルとして二〇〇億ドル（一ドル一〇〇円として二兆円）である。その当時の貨幣価値に換算すると、グルベンキアンは天文学的な金塊の持ち主であった。

ここに、貿易をとりまとめたアナスタス・ミコヤンという謎のアルメニア人の姿が浮かびあがってくる。クレムリンの幹部にのしあがった男だ。いずれもアルメニア人のグルベンキアンとミコヤンが交わした密談と取引き、これがクレムリンの生命線となった。この一本の線が切れるとバクーは閉鎖されてしまう運命にあった。

一方でスターリンは、理想に燃える愛国的な共産主義者を、自由主義者もろとも次々と粛清することにも余念がなかった。一九三七年には赤軍を育てあげた貴族トゥハチェフスキーさえ処刑してしまったため、第二次世界大戦中には、ドイツの侵攻を受けてスターリンの狼狽は頂点に達したが、この赤軍司令官の身に起こったスパイ容疑は、ナチスの流した謀略情報によって早まって処刑した事件とみられている。

この大粛清の時代を生き抜いたミコヤンは、奇蹟の人物と言われる。はっきり言えば、スターリンの粛清がほとんどの幹部の身におよんだときにも、スターリン死後の報復がおこなわれて秘密警察長官ベリヤが処刑されたときにも、彼だけが常に生き残ったのはなぜか、という疑問であった。いかなる体制のもとでも、ミコヤン＝カラヤン＝グルベンキアンのアルメニア人は生き残る、という伝説がここに生まれた。ナチス党員だった指揮者カラヤンも、戦後も帝王と呼ばれて音楽界に君臨したからだ。ミコヤンの強みは、クレムリンにとって要人だというだけでなく、外国の実業家にとっても必要不可欠の窓口だったからである。

フランスとソ連の貿易

イギリスがソ連と国交↓断絶↓国交↓断絶、をくり返していた時、一九三二年一一月二九日、フランスとソ連が不可侵条約に調印した。一九三五年五月二日に、フランスとソ連が五ヶ年の相互援助条約に調印したことを先に述べたが、この経済提携の経過を追跡してみよう。妹を独裁者スターリンの妻とし、義兄弟となって権力を握ったユダヤ人ラーザリ・カガノヴィッチには、フランスに一族の大銀行家ニコラ・カガンがいた。カガノヴィッチという姓は、このカガンをロシア読みにしたものであった。そしてフランスは、ソ連にとってウクライナの穀物を輸出する重要な貿易パートナーであり、とりわけ黒海からフランス南部に至るルートは穀物輸出の生命線であった。

そこでは早くから、何人かの数少ない商人が貿易を握って支配していた。その世界で、〝フランス南部のシーザー〟と呼ばれたのがモーリス・サローという男であった。サローの娘と結婚したのが、ほかならぬカガノヴィッチのフランスの親戚ニコラ・カガンだったのである。しかもそのシーザーの弟は、フランス急進社会党のアルベール・サロー首相であった。急進社会党とは、原語では〝ラジカル〟がついているので、過激な社会主義政党と誤解しやすいが、実は、ジョルジュ・クレマンソーによって設立されたブルジョワ中間派を基盤とした共和主義政党であった。クレマンソーの有名な言葉に、「戦争のように大切なことを、軍人に任せておけるかね」という文句があり、彼が、第一次世界大戦前にドイツとの戦争に走ろうとするフランス軍人の暴走を制止したことがあったのは事実だが、彼は決して反戦主義者ではなかった。ヴェルサイユ会議で徹底的に敗戦国ドイツを苦しめ、次の第二次世界大戦の導火線を敷いたのは、ほかならぬ彼であった。

こうしてフランスの大銀行家ニコラ・カガンは、そのような性格の急進社会党のサロー首相を義理の叔父に持つことになり、そのためスターリンが五ヶ年計画の工業化を進めた時代にあって、フランス首相サローが「穀物」を求め、ソ連の独裁者スターリンが「鉄」を求めるバーター貿易が成立した。この両首脳が、いずれもカガン＝カガノヴィッチ・ファミリーを通じて一族になっていたからだ。それほど重要な国際的貿易が身内の手でおこなわれたという点で、これはバクー油田の同族支配にも劣らぬ、興味深い姻戚関係であった。

一九三〇年代に、フランスとソ連は一見すると離反していたが、こと穀物の貿易になると秘かに手を組んで、ロシア人三五〇〇万人が飢饉で飢え死にしている時にも、ウクライナの穀物を黒海のオデッサ港からヨーロッパへ運び出していたのである。しかもサロー首相の急進社会党には、ニコラ・カガンの商売仲間で、とんでもない大物がいた。それは、財閥ロスチャイルド家の従兄弟ルネ・マイエールで、フランスの金属・鉄道・電力産業をほとんど支配すると言ってもよい大実業家であった。

第二次世界大戦後にフランス首相となるこのロスチャイルド家のユダヤ人ルネ・マイエールが、ソ連のスターリン大粛清時代、ドイツではヒットラーが独裁者として完全支配した時代、一九三五年五月二日に、ピエール・ラヴァル外相の随員としてついにモスクワに現われた。そして五ヶ年のフランス・ソ連相互援助条約が調印されたのである。外交上はそのような名称の条約だったが、これはまぎれもなくスターリンとロスチャイルド家が手を結んだ画期的な貿易交渉の成立であり、ここに、バクー油田をめぐる争いが公式にも終りを告げることになった。

この貿易の中心となった穀物商社が、フランスの生んだユダヤ人財閥ルイ＝ドレフュス商会であり、現代ではこれがアメリカに進出して、カーギルなどと並ぶ世界の五大穀物商社に数えられている。またルイ＝ドレフュス商会は、スターリン亡きあとも、〝赤い百万長者〟と呼ばれる怪人物ジャン＝バティスト・ドゥーマンを使って、労働者の国・ソ連から大量の資源を持ち出し、あるいは加工製品を売りこんで、一部のヨーロッパ財閥が好きなように肥えるのを手伝ってきた。

〝赤い百万長者〟ドゥーマンが一九八七年に死亡したとき、「現存するフランス共産党員のなかで、スターリンと食事をした最後の男」として各紙がその死を報道した。「ソ連との穀物貿易を独占した男」、あるいは「ソ連のアフガニスタン侵略時代に、ブレジネフ書記長とフランスのジスカール＝デスタン大統領の首脳会談を成立させてフランス外務省を激怒させた男」など、その伝説の数々が残されている。この怪人ドゥーマンが、ルイ＝ドレフュス商会と共同でおこなった知られざる商売のメカニズムは、次のようなものであった。

ドゥーマンは第二次世界大戦が開戦した翌年の一九四〇年に、のちに総合農産物商社となるアンテラグラ（Interagra）を設立し、一九五二年には、モスクワで開催された戦後初めての東西貿易会議に招かれて、全盛期のカガノヴィッチ・サークルと密約を交わした。以後は、全世界の商社が歯がみしてくやしがるほど、ソ連へのバター輸出や東ヨーロッパ諸国への農業機械の輸出をほぼ完全に独占してきた。ドゥーマンはフランスでワイン王とも呼ばれてきたが、その〝ソ連の偉大なる友人〟の死後、一九九〇年代には、息子のミシエル・ドゥーマンがそのあとを継いだ。つまりソ連・東ヨーロッパの社会主義体制が崩壊したあと、そこに動きはじめたのが、誰もが知る旧共産党官僚が姿を変えて出現したモスクワ・マフィアの徒党であった。

そして、その軍団を一手に指揮してきたのが、相変らずドゥーマン・ファミリーだったのである。実は、ドゥーマンの総合農産物商社アンテラグラには、通称「ユーラグリ(Euragri)」すなわちヨーロッパ農業という子会社があり、この会社は、正式名を「ヨーロッパ配給(Européenne de Distribution)」といい、フランスでは有名なロスチャイルド企業であった。そしてこの子会社ユーラグリのもうひとつの親会社が、穀物商社ルイ＝ドレフュス商会だったのである。〝赤い百万長者〟ドゥーマンは、堂々とパリ・ディスコント銀行の重役室に坐る影のロスチャイルド代理人にほかならなかった。ロシア革命後に生まれた抜きさしならない東西対立の世界で、「共産党官僚」と「財閥資本家」の双方が創り出さなければならなかった三角構造の仲介人、これがドゥーマンに課せられた役割であった。

実際にその三角形の残り二点を占めたカガン＝カガノヴィッチ・ファミリーは、ラーザリ・カガノヴィッチがクレムリンの№2にのしあがったなら、そのフランス一族ニコラ・カガンのほうは、再婚した女性に二人の連れ子があって、一人はフランス石油の重役に出世し、もう一人は穀物商社ルイ＝ドレフュスの重役となった。つまり養父とスターリンの取引きによって、二人の子供が育っていったわけである。このようにソ連がフランス人と結ぶ家系のなかで、クレムリンにとって仲立ちとなったのが、九六頁の系図2にロスチャイルド一族として描かれたホレス・グンツブルグ男爵の孫娘アンナであった。彼女がフランス銀行理事（重役）の息子と結婚してフランス名アンヌと名乗り、フランス金融界とソ連の経済界を結びつけたのである。

先に述べた通り、ロマノフ王朝時代にロシアに鉄道が敷かれた一九世紀、このペテルブルクの金融家グンツブルグが豊富な資金を投入して初めて大事業が成功した。そしてロシア皇帝（ツァーリ）から男爵の称号をいただき、貴族に叙せられたグンツブルグは、〝ロシアのロスチャイルド〟と呼ばれ、実際にロスチャイルド家とたびたびの深い姻戚関係を結びながら、ルイ＝ドレフュス商会を支配してきた世紀のユダヤ金融業者であった。

第二次世界大戦後の一九四六年三月五日に、イギリスのウィンストン・チャーチル〝前〟首相が、アメリカ大統領トルーマンに招かれ、ミズーリ州フルトンの大学で演説をおこなった。その中で、「バルト海の（ポーランドの）シュテッティンからアドリア海の（イタリアの港湾都市）トリエステまで、ヨーロッパ大陸を横切る鉄のカーテンがおろされた。中部ヨーロッパと東ヨーロッパの歴史ある首都は、すべてその向こう側にある」と演説して、スターリンの頑迷な態度を批判し、〝鉄のカーテン〟という言葉を使って東西冷戦時代を生み出したことは有名である。しかしこの言葉は、ソ連との交流が〝鉄の壁〟のように通り抜けできないものではなく、「カーテンの下は、あいている」という意味だったのである。

あとがき

おそらく多くの読者は、本書を読まれるまで、「ロシア革命」という言葉に対して、左翼的なマルクス主義思想が革命を起こしたという歴史を、第一印象として持っていたであろう。

しかしそれは事実だったのだろうか。本書の「第一章から第三章」まで、前半の歴史をくわしく見た通り、ロシア革命の本質は、ロシアの民衆と兵士が手を組んで、残忍な戦争を終らせようと決意したところにあったのだ。その結果、戦争に勝利して権力を確立しようとする皇帝や、莫大な利益を求めてそこに群がる資本家たちを打ち倒す活動の成果が、ロシア革命だったのである。これは左翼主義というより、人類史上稀に見る最人の「国際的な反戦運動の成功」であった。

ところが、そうして生まれた共産主義国のソヴィエト政府が、今度は、「第四章から第六章」にくわしく述べた後半の歴史に見た通り、独裁権力を駆使しようとして、手のひらを返したように、革命の主体となった労働者と農民という最も大切な民衆に対して、兇悪きわまりない弾圧を加え、罪もない人びとを強制収容所に送り、経済崩壊を起こしてしまった。ついにはソ連が共産主義を放棄して、資本主義になだれこんだ。またそれを見てほくそえんだ、アメリカとヨーロッパの強大な資本主義経済支配者が、秘密の人脈を通じてソ連に乗りこんで、ソ連の産業を食い物にしてきた。それが「ロシア革命」の結末であった。

一体どうしてこれが、左翼的なマルクス主義思想が革命を起こした、と言えるのであろうか？

それは、ソ連崩壊後に生まれた現在のロシア、ウクライナ、ベラルーシほか、すべてのソ連衛星国の苦難が物語っている通りではないだろうか。だからと言って、その前にあった「ロシア革命」の目的という「偉大な反戦運動」を忘れてよいものだろうか。この疑問を、ロシア国民に対してだけでなく、すべての日本人に対して、問いかけたいのである。

私が調べた限り、〝ロシア革命の父レーニン〟の初期の行動と、革命蜂起を決意するまでの彼の言葉は、戦争を望んだこと以外は、おおむね首肯できる。しかし革命達成後に、ソヴィエトがどこで巨大な間違いを犯したかは、本書でくわしく述べた通りである。つまり歴史は、世間で言われるように単純ではなかった。だからこそ、肝に銘じておきたい教えが山のようにある。

二〇一七年二月　ロシア革命一〇〇年を記念して、読者に本書を贈る……

広瀬 隆

図版制作：タナカデザイン
本文写真：アマナイメージズ

広瀬 隆《ひろせ たかし》

作家。一九四三年、東京生まれ。早稲田大学卒業。世界史、日本史、原発問題など幅広い分野で執筆を続ける。『日本近現代史入門』(集英社インターナショナル)、『アメリカの経済支配者たち』『資本主義崩壊の首謀者たち』(共に集英社新書)、『文明開化は長崎から』(上・下/集英社)、『原子炉時限爆弾 大地震におびえる日本列島』(ダイヤモンド社) など多くの著書がある。

ロシア革命《かくめい》史《し》入門《にゆうもん》

二〇一七年二月一二日 第一刷発行

インターナショナル新書〇〇七

著 者 広瀬《ひろせ》 隆《たかし》

発行者 椛島良介

発行所 株式会社 集英社インターナショナル
〒一〇一-〇〇六四 東京都千代田区猿楽町一-五-一八
電話 〇三-五二一一-二六三〇

発売所 株式会社 集英社
〒一〇一-八〇五〇 東京都千代田区一ツ橋二-五-一〇
電話 〇三-三二三〇-六〇八〇(読者係)
〇三-三二三〇-六三九三(販売部)書店専用

装 幀 アルビレオ

印刷所 大日本印刷株式会社

製本所 加藤製本株式会社

©2017 Hirose Takashi Printed in Japan

ISBN978-4-7976-8007-2 C0222

定価はカバーに表示してあります。

造本には十分に注意しておりますが、乱丁・落丁(本のページ順序の間違いや抜け落ち)の場合はお取り替えいたします。購入された書店名を明記して集英社読者係宛にお送りください。送料は小社負担でお取り替えいたします。ただし、古書店で購入したものについてはお取り替えできません。本書の内容の一部または全部を無断で複写・複製することは法律で認められた場合を除き、著作権の侵害となります。また、業者など、読者本人以外による本書のデジタル化は、いかなる場合でも一切認められませんのでご注意ください。

インターナショナル新書

001
知の仕事術
池澤夏樹

多忙な作家が仕事のノウハウを初公開。自分の中に知的な見取り図を作るために必要な情報、知識、思想をいかに獲得し、日々更新していくか。反知性主義に対抗し、現代を知力で生きていくスキルを伝える。

002
進化論の最前線
池田清彦

ダーウィンの進化論に異を唱えたファーブル。ネオダーウィニストたちはいまだファーブルの批判を論破できていない。現代進化論の問題点を明らかにし、iPS細胞やゲノム編集など最先端の研究を解説する。

003
大人のお作法
岩下尚史

お座敷遊び、歌舞伎観劇、男の身だしなみ——大事なのは身銭を切ること。知識の披露はみっともない。『芸者論』（和辻哲郎文化賞）の作家が、いつまでも「子ども顔」の男たちにまっとうな大人になる作法を伝授する。

004
生命科学の静かなる革命
福岡伸一

二五人のノーベル賞受賞者を輩出したロックフェラー大学。客員教授である著者が受賞者らと対談、生命科学の道のりを辿り、その本質に迫る。『生物と無生物のあいだ』執筆後の新発見についても綴る。

005
映画と本の意外な関係！
町山智浩

映画のシーンに登場する本や言葉は、作品を読み解くうえで重要な鍵を握っている。作中の本や台詞などを元ネタの文学や詩までに深く分け入って解説し、アメリカ社会の深層をもあぶり出す、全く新しい映画評論。

006
怪魚を釣る
小塚拓矢

コンゴのムベンガや日本のビワコオオナマズなど、世界四〇カ国以上で五〇種超の怪魚を釣り上げてきた著者がこれまでに蓄積した独自のノウハウを惜しみなく披露！　怪魚を釣り、食し、研究する楽しみが詰まった一冊。